中国与中亚国家投资便利化研究

段秀芳 等著

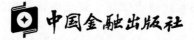中国金融出版社

责任编辑：赵晨子
责任校对：潘　洁
责任印制：丁淮宾

图书在版编目（CIP）数据

中国与中亚国家投资便利化研究/段秀芳等著. —北京：中国金融出版社，2022.9
ISBN 978 – 7 – 5220 – 1665 – 8

Ⅰ.①中… Ⅱ.①段… Ⅲ.①投资环境—研究—中国、中亚
Ⅳ.①F832.48②F833.604.8

中国版本图书馆 CIP 数据核字（2022）第 121671 号

中国与中亚国家投资便利化研究
ZHONGGUO YU ZHONGYA GUOJIA TOUZI BIANLIHUA YANJIU

出版
发行　**中国金融出版社**

社址　北京市丰台区益泽路 2 号
市场开发部　（010）66024766，63805472，63439533（传真）
网上书店　www.cfph.cn
　　　　　　（010）66024766，63372837（传真）
读者服务部　（010）66070833，62568380
邮编　100071
经销　新华书店
印刷　保利达印务有限公司
尺寸　169 毫米 ×239 毫米
印张　15.75
字数　206 千
版次　2022 年 9 月第 1 版
印次　2022 年 9 月第 1 次印刷
定价　66.00 元
ISBN 978 – 7 – 5220 – 1665 – 8
如出现印装错误本社负责调换　联系电话（010）63263947

前　言

　　2008 年国际金融危机爆发后，为清除跨国投资过程中的机制性和技术性障碍，投资便利化继贸易便利化之后，逐步成为近年来国际组织、各国政府和商界普遍关注和大力推动的重点议题和热点问题。逆全球化和保护主义势头的逐步走高导致国际投资领域摩擦加剧，也使投资便利化问题的研究更为迫切。

　　我国在《推动共建丝绸之路经济带和 21 世纪海上丝绸之路的愿景与行动》中，党的十九大报告中，以及"一带一路"国际合作高峰论坛多次明确提出推动投资便利化，并切实大幅缩减外商投资准入负面清单限制、实行核准备案制度等措施，创造了更加良好的投资便利化营商环境。"一带一路"倡议提出 8 年来，中亚国家作为"一带一路"倡议实现互联互通的重要载体，在中国—中亚—西亚和新亚欧大陆桥两条经济走廊建设中都处于支点和桥梁地位，其重要性不言而喻。但是，在近年中国对"一带一路"沿线国家直接投资快速增长的同时，中国对中亚五国直接投资的占比还很低，而且波动很大，不仅与双方的地缘优势、经济结构互补优势以及强大的市场互补优势远不相称，也与其在共建"一带一路"倡议中的地位极不相称。根本原因就是中亚国家投资便利化水平普遍较低，很大程度上抑制了中国对其直接投资的开展，而目前针对中亚国家该问题的研究还基本是空白。可见，探索研究中亚国家便利化水平提升问题意义重大。

　　本书在梳理研究现状和投资便利化理论的基础上，首先梳理研究了中国对中亚国家投资便利化的多双边法律基础，从纵横两个方面全面系统地比较分析了中国对中亚国家直接投资的现状特点，多角度分析了中国与中亚国家投资便利化的内外部环境，然后，运用主成分分析法测算包括中国和中亚国家在内的丝绸之路经济带沿线 26 个国家 2013—2017年的投资便利化水平，并进行多层面比较分析。其次，通过拓展引力模型结合面板数据，实证研究了中亚国家投资便利化水平对中国直接投的效应和进出口贸易的效应。最后，从中国和中亚两方面有针对性地提出提升中国与中亚国家投资便利化水平的对策建议。主要研究内容及其研究结论如下。

第一，从世界贸易组织、上海合作组织、"一带一路"对接、双边投资保护协定和避免双重征税协定等方面梳理并分析中国和中亚国家投资便利化的法律基础及其状况。主要结论如下：在中国的倡导和积极推动下，世界贸易组织投资便利化多边框架已取得广泛而重要共识，并形成初步工作机制；上海合作组织投资便利化法律基础非常薄弱。中国与中亚国家都已经达成丝绸之路经济带对接协议，其共性表现为对接合作达成高度共识，成果丰硕，合作领域高度集中，主体地位高度一致，但也存在法律基础强弱不同、合作成果差异大、对接合作发展阶段不同等差异。中亚五国都先后与中国签署了双边投资保护协定和避免双重征税协定，但差异很大，中乌皆最早、最成熟，最突出；中国与哈萨克斯坦运输协定最全面，而中乌则具有开拓性和创新性。

第二，从纵向和横向两方面对 2006—2018 年中国对中亚国家直接投资现状进行全面深入的比较分析。主要结论如下：以哈萨克斯坦为主的中国对中亚国家直接投资总体在剧烈波动中有所上升，但是在中国对外直接投资总额和中国对"一带一路"沿线国家投资中占比很低，在中国对转型经济体国家直接投资中占比较高，说明中国对中亚五国直接投资的变动趋势决定了中国对转型经济体国家直接投资的变动趋势。投资行业主要集中在能源矿产行业、建筑业、制造业、批发零售业等，信息通信行业逐渐成为近几年中国对中亚五国直接投资的重点行业之一。

投资主体主要以国有大型企业以及实力雄厚的大型上市公司为主。

第三，从多角度对中国与中亚国家投资便利化内外部环境作出全面分析并给出综合评价。主要结论如下：内部经济发展环境方面，中国总体经济发展环境比较好，但面临"前所未有"的挑战；中亚国家经济受国际市场影响出现较大波动，但总体经济向好发展。内部法律政策环境方面，近几年中国开放力度加大，投资法律制度进一步完善，营商环境有很大改善；中亚国家以哈萨克斯坦和乌兹别克斯坦为主的投资政策环境得到明显改善。内部社会政治环境方面，中国社会稳定，政府行动力强，国家层面推动国际交流与合作能力逐步增强；中亚五国已形成独具特色的多党政治体制和政党政策，但政府效率较低，社会政治问题复杂。国际能源因素方面，中国与中亚国家能源领域互为供求，合作逐步深入，但一定程度上受到世界大国对中亚地区战略意图的影响。

第四，基于世界经济论坛发布的《全球竞争力报告》构建了包括 4 个一级指标和 19 个二级指标投资便利化评价指标体系，运用主成分分析法测算中国与中亚国家投资便利化水平，并做纵横比较分析。主要结论如下：丝绸之路经济带沿线国家投资便利化水平整体差异较大，中亚国家投资便利化水平整体很低，仅仅高于东亚的蒙古国，与独联体、西亚、中国和欧洲国家的差距渐次拉大；制度环境和基础设施质量是影响投资便利化水平的主要一级指标因素；航空设施质量、非正常支付和贿赂、金融服务的便利性和 FDI 规则对投资的影响是影响各一级指标的核心二级指标，重视对这些指标的改善是提高中亚各国投资便利化水平的关键；中亚国家二级指标得分普遍低于中国和沿线 26 个国家平均得分，除商业投资环境的二级指标外，中亚国家二级指标得分大多都低于独联体国家，但总体普遍增加，趋势良好。

第五，采用面板数据，基于拓展引力模型实证检验了中亚国家投资便利化水平对中国的直接投资效应和进出口贸易效应。主要结论如下：在其他变量不变的情况下，中亚国家投资便利化水平显著促进中国对中亚国家的直接投资，但显著阻碍中国对中亚国家的出口贸易，对中国从中亚国家进口贸易的影响不明显。

第六，根据前文研究结果，从中亚国家和中国两个视角6个方面提出提升中亚国家投资便利化水平进而促进中国直接投资的对策建议。制度环境方面，中亚国家应加快完善相关法治环境建设，营造透明高效的制度环境；中国要积极主动深化与中亚国家政策沟通，建立双边投资争端解决机制等长效稳定机制。基础设施建设方面，中亚国家要充分利用亚投行等国际融资平台，加快构建便捷高效系统化的运输和通信网络；中国要积极主动高位推进以"新型基础设施建设"为引领的基础设施建设合作，优化互联互通环境。金融服务效率方面，中亚国家要完善金融服务体制，简化贷款审批程序，提高金融服务效率；中国要以扩大双边本币互换为重点，深化双边金融合作，加强金融体系监管和风险防范体系，优化资金融通环境。商业投资环境方面，中亚国家要进一步完善外商投资法律法规、政策及其配套措施，减少外商投资壁垒；中国要积极推动建立保护投资双方的权益机制，建立外交保护中国公民和企业海外合法权益的长效机制，提高政策和企业服务能力。法律体系建设方面，积极推动达成世界贸易组织框架下的投资便利化协定，分步推动上合组织投资便利化谈判与行动，尽快商签新版双边投资保护协定，积极协调落实避免双重征税协定对中国企业的保护。合作平台机制建设方面，双方高层共同推进双边投资便利化谈判，尽快建立投资便利化组织机构和合作机制。

本书由新疆财经大学国际经贸学院段秀芳教授负责统稿，新疆社会科学院经济研究所王宏丽研究员，新疆财经大学国际贸易学专业研究生李雪艳、寇明龙，国际商务专业研究生王瑞鑫、殷祺昊共同完成本书的撰写工作。具体完成情况：前言（段秀芳）、第一章（段秀芳）、第二章（段秀芳）、第三章（段秀芳）、第四章（王瑞鑫、段秀芳）、第五章（王宏丽、段秀芳）、第六章（李雪艳）、第七章（寇明龙）、第八章

（段秀芳、李雪艳）、第九章（段秀芳）。

本书撰写过程中，参考了大量同行专家们的研究成果，在此一并表示衷心的感谢。此外，由于作者水平有限，书中难免存在不足之处，敬请各位专家及读者指正。

段秀芳

2022 年 3 月 10 日

目　　录

第一章

绪　论

第一节 研究背景与研究意义

一、研究背景

(一) 投资便利化的国际背景

随着经济全球化和区域经济一体化的迅猛发展,经济体之间阻碍资本流动的障碍逐渐减少甚至消除。然而,2008 年国际金融危机爆发后,为清除跨国交易投资过程中的机制性和技术性障碍,减少交易成本和困难,作为抑制世界经济衰退,促进全球贸易和投资发展的重要工具,投资便利化继贸易便利化之后,成为近年来国际组织、各国政府和商界(国际投资实践领域)普遍关注和大力推动的重点议题和热点问题。其中,亚太经济合作组织(APEC)最早在 2008 年制定了《投资便利化行动计划》,经济合作与发展组织(OECD)在《投资政策框架(2015 版)》中强调了投资便利化的重要意义,联合国贸发会议(UNCTAD)在 2016 年达成了《投资便利化全球行动清单》,2017 年"金砖五国"在厦门会晤时通过了《金砖国家投资便利化合作纲要》,世界贸易组织(WTO)在 2017 年第十一届部长级会议上通过了《关于投资便利化的联合部长声明》。

但是,国际金融危机过后的世界经济主要经济体复苏动力减弱、发展动力不足、增速放缓明显。同时,反全球化势头有逐步走高之势,民粹主义之风蔓延,单边主义和贸易保护主义势力加剧,全球范围内经贸摩擦骤然增多,全球市场动荡不稳态势明显。

(二) 投资便利化的中国宏观政策背景

2013 年,习近平主席在访问哈萨克斯坦时明确提出:"各方应该就推动贸易和投资便利化问题进行探讨并作出适当安排，共同建设丝绸之路经济带"。① 2015 年，国家发展改革委、外交部、商务部联合发布的《推动共建丝绸之路经济带和 21 世纪海上丝绸之路的愿景与行动》中强调"加快投资便利化进程，消除投资壁垒，推进沿线国家贸易投资深层次融合，实现经济可持续增长"。② 2017 年 1 月 17 日，习近平主席在达沃斯世界经济论坛年会主旨演讲中明确提出："要坚定不移发展全球自由贸易和投资，在开放中推动贸易和投资自由化便利化，旗帜鲜明反对保护主义"。③ 2017 年 10 月 18 日，党的十九大报告指出"要以'一带一路'建设为重点，实行高水平、深层次的投资便利化政策，形成面向全球的贸易投资网络，加快培育国际经济合作新优势；要同舟共济，促进贸易和投资自由化便利化"。④ 2019 年 4 月 26 日，习近平主席在第二届"一带一路"国际合作高峰论坛开幕式上再次重申"要促进贸易和投资自由化便利化，旗帜鲜明反对保护主义"。⑤ 由此可见，投资便利化已经成为我国经济发展战略的重要组成部分。

（三）投资便利化的中国实践背景

适应于国际国内投资便利化的现实背景和政策背景，中国政府采取设立自由贸易试验区、外商投资准入负面清单制度等一系列措施致力于不断改善投资环境，促进本国的投资便利化。从 2013 年到 2019 年 8 月，我国已经设立自贸试验区 18 个，2017—2020 年，中国连续 4 年修订全国和自贸试验区外商投资准入负面清单，限制措施分别由 93 项、

---

① 习近平：创新合作模式　共同建设"丝绸之路经济带"，人民网－中国共产党新闻网，2013 – 09 – 07.
② 《推动共建丝绸之路经济带和 21 世纪海上丝绸之路的愿景与行动》全文，http：//www. china. org. cn，2015 – 09 – 15.
③ 迟福林：适应全球化新趋势推动开放转型，经济日报，2017 – 03 – 03.
④ 习近平：决胜全面建成小康社会　夺取新时代中国特色社会主义伟大胜利——在中国共产党第十九次全国代表大会上的报告，http：//www. gov. cn/zhuanti/19thcpc/baogao. htm，2017 – 10 – 27.
⑤ 齐心开创共建"一带一路"美好未来——在第二届"一带一路"国际合作高峰论坛开幕式上的主旨演讲，新华网，2019 – 04 – 26.

122 项减至 33 项、30 项，在金融、汽车等行业领域推出了一系列重大开放举措。从 2018 年 6 月 30 日起，在全国实行外商投资企业商务备案与工商登记"单一窗口、单一表格受理"的方法。① 2019 年 3 月 15 日，中国通过的《中华人民共和国外商投资法》进一步明确了外商投资项目的核准、备案制度，这大大简化了投资审批程序，缩短了投资审批时间，优化了我国外商投资环境，很大程度上提升了我国的投资便利化水平，深化了我国在国际层面上的投资便利化合作。2019 年 10 月 25 日，国家外汇管理局发布《关于进一步促进跨境贸易投资便利化的通知》（汇发〔2019〕28 号），推出了 12 项跨境贸易投资便利化措施，包括扩大贸易外汇收支便利化试点、扩大资本项目收入支付便利化试点等，促进贸易投资便利化和经济高质量发展。

（四）中亚国家是"一带一路"互联互通建设的重要载体

2013 年，习近平主席提出的"一带一路"倡议旨在通过区域间的经贸投资合作，实现经济要素自由流动、资源高效配置、市场深度融合，为我国和沿线各国创造了一个互利共赢的合作平台，更为世界经济的稳定增长开辟了新的空间和发展机遇。实现互联互通和贸易投资便利化是现阶段共建"一带一路"的重点，为进一步推进中国与中亚周边国家投资便利化提出了新的挑战和机遇。

2015 年发布的《推动共建丝绸之路经济带和 21 世纪海上丝绸之路的愿景与行动》提出"共同打造新亚欧大陆桥、中蒙俄、中国—中亚—西亚、中国—中南半岛、中巴、孟中印缅六条国际经济合作走廊"。而中亚国家在新亚欧大陆桥经济走廊和中国—中亚—西亚两条经济走廊建设中都处于连接两端的支点和桥梁，是"一带一路"实现互

---

① 商务部办公厅 工商总局办公厅关于实行外商投资企业商务备案与工商登记"单一窗口、单一表格"受理有关工作的通知，http：//www.mofcom.gov.cn/article/b/f/201803/20180302717939.shtml，2018 - 03 - 05.

联互通的重要载体，其重要性不言而喻。以中亚国家为重要载体的中欧班列自 2011 年开通以来，在政府的大力支持下快速发展。截至 2018 年末，中欧班列已联通亚欧大陆 16 个国家的 108 个城市，累计开行 1.3 万列，运送货物超过 110 万标准箱。① 中欧班列的开通和快速发展为中国和丝绸之路经济带沿线国家提供了安全、便捷、高效的贸易通道，各国经济联系更加紧密，也创造出了前所未有的投资机会。

（五）中亚国家在中国对"一带一路"沿线国家直接投资中占比很低

"一带一路"倡议提出以来，已经得到 100 多个国家和国际组织的积极响应，也吸引众多中国企业"走出去"开展对外直接投资，促进了我国对"一带一路"沿线国家直接投资的迅速发展。根据推进"一带一路"建设工作领导小组办公室最新公布的一组数据：2013—2018年，中国对"一带一路"沿线国家直接投资累计达 900 亿美元，完成对外承包工程营业额 4000 亿美元，其中，2018 年投资额为 156 亿美元，同比增长 8.9%，占同期的 13.0%，对外承包工程营业额为 893 亿美元，占同期的 53.0%。② 但是，中国对中亚五国直接投资规模在中国对"一带一路"沿线国家直接投资中的占比还很低，流量占比一直波动很大，最高的 2017 年占比 11.2%，2018 年又跌至 3.7%；存量占比近几年缓慢升至 2018 年的 8.5%。③ 这说明中国和中亚五国直接投资合作还有很大的提升空间。

（六）中亚国家投资便利化水平普遍相对较低

中亚国家丰富的能源资源供给能力和在基础设施建设方面巨大的需

---

① "一带一路"倡议提出 6 周年　为世界经济增长开辟新空间，人民日报，2019 - 9 - 6.
② 《共建"一带一路"倡议：进展、贡献和展望》，人民网，2017 - 4 - 22.
③ 根据中国商务部对外投资和经济合作司网站发布的 2018 年《中国对外直接投资统计公报》计算而得。

求，与中国对能源资源的巨大需求和资金、技术优势形成双方巨大的投资合作需求和良好的现实基础。中亚国家也因此成为中国能源进口多元化的重点地区，中国对外直接投资最重要的合作伙伴之一，也是中国共建"一带一路"倡议的重点合作伙伴。中亚国家的投资便利化水平是影响我国对其开展直接投资的重要因素。

中亚国家自独立以来，资金和技术一直是制约其经济发展的主要障碍，因而需要大量引进资金支持其经济的稳定发展和经济结构的调整，实现国家经济发展战略目标。为此，中亚国家先后出台了一系列吸引外资政策，并多次调整完善。例如，2014年哈萨克斯坦发布的《关于就完善投资环境问题对一些法律法规进行修改和补充的法律》，进一步强调改善投资环境、鼓励对经济优先领域的投资。但大多数中亚国家投资便利化水平不高，仍存在基础设施落后、制度政策不完善、金融服务效率不高、商业投资环境不佳等问题。这些问题和各种限制作为一种"隐形"的市场准入壁垒增加了中亚国家投资环境的不透明性和投资交易成本，很大程度上抑制了中国对其直接投资的开展，导致中国对该地区投资规模与中国的地缘优势、技术和资金优势，以及经济结构互补优势远不相称。因此，亟待中国与中亚国家双方共同努力，消除投资障碍，改善投资环境，提高本国的投资便利化水平，在满足中亚国家自身经济发展需要的同时，提高中国对其投资水平。

（七）中国对外直接投资保持稳定发展的需要

进入21世纪以来，得益于中国"走出去"战略和"一带一路"倡议的实施，我国的对外直接投资得到了迅猛的发展并保持良好发展势头。2003—2016年中国对外直接投资额由2003年的28.5亿美元持续稳定增长到2016年的1961.5亿美元，2014年，我国对外投资规模与吸收外资规模首次接近平衡。为了在保证规模的基础上优化对外投资结构，提高对外直接投资质量，2017年，我国出台了一些对企业对外投资的

限制措施，加之许多东道国对外资监管审查也更加严格，当年中国对外
直接投资流量下降 19.3%。自 2018 年以来，由于中美"贸易摩擦"，
美国以及欧洲一些国家不断加强对中国企业及其投资的监管审查，甚至
制裁，给中国企业对外投资带来了严峻挑战。在全球经济面临低迷又复
杂多变的不利形势下，要实现中国对外直接投资的持续稳定发展，为中
国企业"走出去"寻找新的投资方向成为迫切需要。中亚国家是"一
带一路"倡议实施的重点区域，加强中国与中亚各国投资便利化，既
可以满足中亚国家吸引外资的需求，也有利于促进中国对外直接投资稳
步发展。

二、研究意义

（一）理论意义

1. 弥补投资便利化问题研究的不足

本书首次从世界贸易组织有关协定、上海合作组织有关协定、"一
带一路"倡议下有关对接协议，以及中国与中亚国家签订的双边投资
保护协定和避免双重征税协定等几个方面全面梳理研究投资便利化的法
律基础问题，是一次开创性的探索研究。研究投资便利化的法律基础提
出的观点和实现路径能够弥补投资便利化问题的不足，是对区域投资理
论的补充。

2. 弥补中国对转型经济国家投资便利化方面研究的不足

现有投资便利化的研究对象主要集中于"一带一路"沿线国家、
APEC、东盟国家等。对中俄投资便利化问题的研究仅见几篇小论文，
缺乏对转型经济体投资便利化问题的研究，也没有把中亚国家作为一个
单独的整体系统研究其投资便利化问题的成果。中亚国家不仅经济实力
差距悬殊，各个国家内部发展也不平衡，而且又都是新兴的发展中转型

经济体，还因为其重要的地缘政治地位和丰富能源以及地缘文化的特殊性而成为世界各国关注的焦点，其政治经济体制和制度安排及市场运作都有其特殊性和共性。在这样一个复杂的区域内探索推进投资便利化的路径，不能照搬欧盟、北美的模式，需要各成员国探索适合本地区合作的新模式。对这一特殊经济体投资便利化问题的研究，将弥补对转型经济体投资便利化问题研究的不足，也为提升中国投资便利化路径提供一定的理论支持。

3. 丰富发展中国家的国际直接投资理论

中国作为世界上最大的发展中国家，对转型经济体的中亚国家开展直接投资具有其特殊性，本书的研究不仅在一定程度上丰富和发展了交易成本理论、区位优势理论和投资诱发要素组合理论等相关理论，也在一定程度上补充和完善了小规模技术理论、技术地方化理论和技术创新产业升级理论等发展中国家对外投资的相关理论。

（二）现实意义

1. 有助于明确投资便利化努力方向

通过系统研究中国与中亚国家投资便利化的相关问题，厘清中亚国家投资便利化法律基础及其进程，便利化水平及其影响因素，探讨提升路径，有助于明确未来推动投资便利化合作的工作重点，优化投资环境，推动中国与中亚国家务实合作，实现合作共赢。

2. 有助于推动中欧两大市场加强合作对接

新亚欧大陆桥和中国—中亚—西亚国际经济合作走廊建设是"一带一路"倡议下提出的"六廊六路多国多港"合作框架的重要组成部分，中亚国家作为两大国际经济合作走廊建设的重要载体，对中欧两大市场加强合作对接至关重要，中国与中亚国家投资便利化水平的提高，将在很大程度上决定丝绸之路经济带沿线区域经济合作的广度和深度，也直接关系到丝绸之路经济带目标的实现。

3. 有助于优化投资环境，推动投资合作

目前，对中亚国家开展直接投资还面临不少障碍，诸如外商投资法律制度不健全、政府政策不透明、政府监管不到位、市场风险不确定、行业准入有限制等，在很大程度上影响中国企业对外投资的选择。本书通过研究中亚国家投资便利化水平及其对中国直接投资和贸易的影响，从多个方面有针对性地提出若干提升中亚国家投资便利化水平的对策建议，对中亚国家采取相应措施，优化投资环境具有较高的参考价值，从而提高投资便利化水平，推动双方投资合作，实现互利共赢。

4. 有助于深化中国与中亚国家的经贸合作

通过投资便利化带动贸易便利化，通过扩大投资带动贸易发展，有助于实现中国与中亚及周边国家在区域内形成"五通"，深化中国与中亚国家的经贸合作。同时，本书的研究对国家从整体层面制定和完善丝绸之路经济带建设发展规划、出台相关政策措施、开展与中亚国家投资合作有一定的借鉴意义。

5. 有助于推动产能合作，促进产业升级

中亚国家自然资源丰富，但普遍基础设施落后、工业基础薄弱，而中国工业基础雄厚，拥有富余产能，但能源对外依存度较高，双方经济互补性强。本书的研究有利于中亚各国优化投资环境，推动产能合作。在加快中国富余产能的转移、实现产业结构升级和资源合理配置的同时，有助于中亚国家引进外资，加快基础设施建设和制造业发展，优化经济结构，最终实现双边互利共赢，推动"一带一路"倡议的深入贯彻和实施。

第二节　文献综述

关于投资便利化问题的研究起始于对贸易投资便利化的综合研究，但考察研究的重点偏向贸易便利化。伴随着对外投资的快速发展，投资便利化问题逐渐成为经贸投资领域的热点议题，近几年，学者们开始单独研究投资便利化问题，研究重点主要集中在投资便利化水平测评方法及指标体系构建，投资便利化水平对中国对外直接投资影响，投资便利化的影响因素、经济效应和实施路径等领域。学者们还研究了不同区域和国家的投资便利化相关问题。依据本书的研究内容，选择从投资便利化理论、投资便利化的测评方法、投资便利化对中国对外直接投资的影响、中亚国家投资便利化、其他区域和国家投资便利化问题研究 5 个方面对已有相关研究成果进行文献梳理，并做总结评述。

一、投资便利化有关理论方面的研究

国内外学者们以及世界贸易组织（WTO）、世界经济论坛（WEF）、世界银行（WB）等诸多国际组织围绕贸易投资便利化做了大量研究，侧重点大多是对贸易便利化的研究，对投资便利化的研究较少。

（一）投资便利化概念

目前，关于投资便利化概念的界定尚未统一。APEC 在 2008 年公布的《投资便利化行动计划》（IFAP）中首次提出投资便利化的定义，认为投资便利化是指政府为了吸引外商投资，并确保在外商投资周期的全部阶段实现其自身管理效率和经济效益最大化而采取的一系列做法。OECD 认为，投资便利化是指简化和协调各成员国进行国际投资过程中的各种程序和政策，营造一种透明的、可预见性的投资环境。根据 2016 年 UNCTAD《投资便利化全球行动清单》及相关解释，投资便利化是指一套旨在使投资者更容易建立和扩大投资以及在东道国开展日常业务的政策和行动。学术界关于投资便利化的解释中，约翰·尤尔（John Ure，2005）、沈明辉（2009）、王海燕（2012）普遍认为，投资便利化是指在国际投资周期的全部阶段，包括简化和协商期间涉及的各种程序和问题，侧重为跨国投资企业提供一个更加透明、开放、便捷的国际投资环境。刘镇、邱志萍、朱丽萌（2018）认为，投资便利化是指国际投资活动涉及各种程序简化便捷以及改善国内营商环境，目的在于逐步消除投资壁垒、降低交易成本，实现投资带动贸易发展，最终实现各国经贸福利的提高。魏艳茹（2019）认为，APEC 的定义严谨性不足，UNCTAD 的定义内涵同时兼顾了投资便利化的功能性要件和规范性要件，更为周到全面客观。

（二）投资便利化的表现形式及其与投资自由化的关系等

卢进勇、冯涌（2006）分析了 FDI 便利化的动因，详细论述了投资便利化的表现形式，并对国际直接投资便利化的效益和成本进行了深入的分析。美国学者范德·菲尔德（Vande Velde, K. J.）认为，国际直接投资自由化存在三原则：投资安全原则、投资中性原则和投资便利原则；投资便利化是实现投资自由化的一个必经阶段；投资便利化和投资自由化不仅是一种大小趋势的关系；更存在一种相互补充、相互推进的关系。郭飞、李卓、王飞、杨国亮、方勇等（2006）研究了贸易自由化与投资自由化的互动关系，论述了贸易自由化与投资自由化各自对投资接受国的效应。巴丁格·H.（Badinger·H., 2008）将投资自由化所产生的经济效应分解成投资拉动和技术拉动两个主要方面，验证了投资的相对便利性和最终的自由的实现会对促进欧盟各国经济水平增长的有效性。APEC 经济委员会研究了实行贸易投资便利化措施给成员带来的福利效应。

此外，王璐瑶、葛顺奇（2019）梳理国际社会对投资便利化议题的关注和推进，综合对比近年来签订的 CPTPP、加拿大—欧盟 CETA、中国—韩国 FTA 和中国—澳大利亚 FTA 中的投资便利化内容，以透析当前全球经济治理中的投资便利化发展趋势及前景，同时结合中国在国际国内层面对投资便利化实践的突破及仍然存在的问题，探讨中国未来深化投资便利化改革的方向。

二、投资便利化水平测评方法的研究

（一）投资便利化评价指标体系的研究

关于便利化水平的测评方法，国内外学者大多通过构建便利化指标体系进行测评，指标体系的研究以世界经济论坛（WEF）和世界银行（WB）的研究最具代表性。国外学者最早采用构建指标体系的方法测评贸易便利化水平，构建指标体系所选取的指标大多来自世界经济论坛发布的《全球竞争力报告》，主要包含的指标有制度环境、基础设施、金融服务、营商环境等，投资便利化测评指标体系的构建基本沿用并扩展了该方法。最早采用构建指标体系测算便利化水平的成果中，威尔逊、曼和大月（Wilson、Mann and Otsuki，2003）的研究成果最具有代表性，他们选取港口效率、监管环境、海关环境和电子商务4个指标构建贸易便利化测度体系，并借助引力模型探究提升贸易便利化水平的经济效益。在此基础上，学者们结合国际投资的特点，选取若干与投资相关的指标构建投资便利化综合评价指标体系，确定指标权重进而测算出投资便利化水平，所选指标主要来自世界银行发布的《营商环境报告》、世界经济论坛发布的《全球竞争力报告》。所以，国外学者研究投资便利化水平测评问题基本沿用并拓展了世界经济论坛和世界银行的测评框架，只是在指标选取与权重确定方法上稍有差别。木下（Kinoshita，2004）、约翰·尤尔（John Ure，2005）、凯扎尔（Kejzar，2011）选取市场准入、投资保护、审批程序、信贷融资和争端解决等指标构建投资便利化指标体系，对投资便利化水平进行了测评。费利佩和库马尔（Felipe and Kumar，2010）选用联合国的物流绩效指标LPI来测评便利化的程度，得出在LPI的多项指标中，基础设施建设的改善对便利化影响终最为显著。

国内学者近几年才开始运用构建指标体系的方法测评投资便利化水平。研究方法基本沿用了威尔逊（Wilson，2003）构建贸易便利化指标体系的思想，研究对象主要集中于对"一带一路"沿线国家投资便利化水平的测评分析。王瑄（2015）选取基础设施、外资政策及融资环境3个一级指标作为投资便利化方面指数，基于全球竞争力报告（GCR）、透明国际（TI）和瑞士洛桑国际管理学院（IMD）等选取数据，将一级指标细分为24个二级指标构建了测算中国—东盟投资便利化的指标体系。黄光灿、王钰（2016）在构建投资便利化指标体系时，将指标体系分为投资硬环境、投资软环境两类，并将基础设施建设归为衡量投资硬环境的重要指标，将金融环境、规制环境和科教环境归为衡量投资软环境的一级指标，构建了测评丝路国家的投资便利化指标体系。张亚斌（2016）将商业投资环境和信息技术应用（选自《全球信息技术网络发展报告》）引入投资便利化指标体系中。崔日明、黄英婉（2016）对构建贸易投资便利化评价指标体系的意义和构建机理进行了解释分析。段秀芳、李雪艳（2019）构建中国与周边国家的投资便利化水平测评指标体系选取了制度环境、基础设施质量、金融服务效率、营商投资环境4个一级指标和19个二级指标。

（二）投资便利化测评方法研究

从实证角度测评投资便利化水平的研究起步较晚，研究成果集中于近几年，测评方法主要以主成分分析法为主，但略有差异。张亚斌（2016）用均值主成分分析法测评"一带一路"沿线亚欧非国家的投资便利化水平。刘镇、邱志萍、朱丽萌（2018）采用主成分分析法测评了"一带一路"沿线50个国家与"海上丝绸之路"沿线国家的投资便利化水平。夏春光（2018）用因子主成分分析法测算"一带一路"沿线国家投资便利化水平。王吉霞（2018）用主成分分析法测度了"一带一路"沿线国家的投资便利化水平。陈瑶雯、莫敏、范祚军（2018）

用主成分分析方法测度中国与东盟十国的投资便利化水平。党营营
（2018）用主成分分析法测算了 10 个典型非洲国家的投资便利化水平。
段秀芳、李雪艳（2019）用主成分分析法测算中国与周边国家的投资
便利化水平。

也有少数学者采用层次分析法、因子分析和熵值法等方法测评投资
便利化水平。马文秀、乔敏健（2016）首次运用因子分析法测算了
"一带一路"沿线 50 个国家和世界 140 个国家和地区 2010—2015 年的
投资便利化水平。黄英婉（2017）基于层次分析法，构建了贸易投资
便利化指标体系，测算了"一带一路"沿线国家投资便利化水平。朱
明侠、左思明（2019）用熵值法测评"一带一路"沿线 48 个国家的投
资便利化发展水平。张琪（2019）用熵值法测算亚洲国家的投资便利
化水平。

三、投资便利化水平对直接投资的影响研究

基于投资便利化水平对中国对外直接投资影响的研究主要采用实证
研究方法，学者们主要通过引力模型、线性回归模型、固定效应模型、
灰色关联度分析法和系统 GMM 估计法等方法进行探究。研究对象主要
集中于"一带一路"沿线国家。

运用拓展的引力模型，张亚斌（2016）、夏春光（2018）、吴丹
（2018）均实证分析了"一带一路"沿线国家的投资便利化水平对中国
对外直接投资的影响。张亚斌发现，商业投资环境对促进投资贡献最
大，国内生产总值、劳动力规模、自然资源禀赋、双边投资协定和投资
便利化能正向促进中国对外直接投资，而税负水平、距离成本则对投资
有负向影响，此外，东南亚投资潜力最大，改善投资便利化对亚洲、非
洲等欠发达国家的投资增加更有利。夏春光指出：投资便利化能显著促
进中国对外直接投资，金融环境对投资便利化指标的影响最大，规制运

行质量与基础设施质量的影响次之，而营商环境质量的影响最小。吴丹发现，营商投资环境是影响投资便利化水平的首要因素，"一带一路"沿线国家便利化水平提升对中国对其直接投资额增加有正向作用。

运用线性回归模型，张智彪（2016）、党营营（2018）、王吉霞（2018）分别实证检验了不同对象的投资便利化水平对中国对外直接投资的影响。张智彪探究中国—东盟投资便利化水平对投资额的影响，发现中国—东盟投资流量持续增长，但投资规模还较低，且投资的国别对象和产业分布不均，并且中国—东盟投资额受到东盟各国的投资风险系数、东盟总体经济规模和东盟各国营商环境的共同影响，还与法律执行情况、退出经营便捷性、基础设施建设、双边贸易量等因素有关。党营营实证分析投资便利化与中国对非洲直接投资规模的关系，发现非洲投资便利化水平提高对吸引中国对非洲直接投资有利，其中，商业投资环境对中国对非洲投资规模的影响最大，而基础设施质量的影响较小。王吉霞检验投资便利化对中国对"一带一路"沿线国家直接投资的影响，发现投资便利化对中国对"一带一路"沿线国家直接投资的促进作用显著，投资便利化所包含的指数中，东道国制度环境的促进作用居首，营商环境、基础设施质量也正向促进中国对外直接投资，金融市场效率的促进作用较弱，信息科技水平甚至对中国对外直接投资有负向影响。

运用灰色关联分析法，乔敏健（2017）实证检验了"一带一路"沿线各国、各区域的投资便利化水平以及影响投资便利化水平的各项指标对中国对外直接投资的影响，发现投资便利化水平的提升有助于促进中国对外直接投资的增长。

运用固定效应模型，左思明，朱明侠（2019）、乔敏健（2019）均检验了"一带一路"沿线国家投资便利化水平对中国对外直接投资的影响。左思明研究表明，投资便利化、国内生产总值、人口数量对中国对外直接投资有正向影响，东道国与投资国的距离对中国对外直接投资有负向影响。乔敏健发现，中国对"一带一路"沿线国家直接投资存在明显的"集聚效应";东道国市场规模、劳动力市场丰裕度与中国对外直接投资正相关,而资本丰裕度与中国对外直接投资负相关。

运用系统 GMM 估计法,张琪（2019）检验了亚洲国家投资便利化水平对中国对亚洲直接投资的影响,发现中国对亚洲国家直接投资有规模效应,东道国信息技术应用能力、金融服务效率对中国在亚洲国家直接投资有重要促进作用,而东道国商业投资环境、制度供给质量则有抑制作用,基础设施的影响较小。

四、投资便利化水平对进出口贸易的影响研究

崔日明、黄英婉（2017）从国家视角出发,利用拓展引力模型实证分析沿线国家贸易投资便利化水平对中国出口贸易流量的影响。研究表明,与 GDP、人口、对外投资和区域经济一体化组织等因素相比,贸易投资便利化对中国出口贸易的促进作用更大。同时,贸易投资便利化各分项指标对中国出口均产生显著影响,其中,运输和基础设施指标影响程度最大。对于不同区域,贸易投资便利化水平对中国出口均产生显著影响。喻胜华、聂早暖（2018）基于分位数回归模型研究其对"一带一路"沿线国家双边贸易额的影响,结果表明,贸易投资便利化对"一带一路"沿线国家的双边贸易额有显著的正向影响。为促进丝绸之路经济带核心区的建设,"一带一路"沿线国家应积极加入区域经济一体化组织,不断加强与区域内国家的交流与合作,全面提升贸易投资便利化水平。刘镇、邱志萍、朱丽萌（2018）结合三维引力模型实证研究了投资贸易便利化及其分指标对沿线贸易的影响。研究发现,提高沿线进、出口国的投资贸易便利化水平能够显著促进沿线贸易,且进口国便利化因素的促进作用更大;以营商环境为代表的"边境后措施"的改善对沿线贸易的促进作用最大,而市场准入的促进作用则不显著。

五、投资便利化的法律基础研究

目前，国内外对投资便利化的专题研究主要集中在经济学领域，在法学领域的研究鲜见，国内已有专题性法学文献主要有何芳、张晓君（2015）指出丝绸之路经济带实现贸易与投资便利化存在诸多法律障碍，提出从减少准入壁垒，简化行政程序，统一与协调物流与运输法律制度，建立金融合作机制，建立国际司法协助机制、争端解决6个方面来保障实现。黄志瑾（2018）比较了国际组织和各主权国家对投资便利化议题的热衷度差异，建议中国要以《贸易便利化协定》为蓝本设计《投资便利化协定》，发挥主场外交优势，在中国举办的国际相关论坛中推出"投资便利化国际合作"议题。魏艳茹（2019）探讨投资便利化的内涵和外延界定，分析中国—东盟投资便利化法律机制的现状、不足，并提出缓解投资便利化法律机制的"碎片化"、创建参与机制、协调机构和定期协商机制等建议。

另外，近两年有少数学者初步探索了中国自由贸易试验区投资便利化法律建设问题。

六、对中亚国家及相关地区投资便利化问题的研究

关于中亚国家投资便利化问题相关的研究成果，研究对象主要集中于对"一带一路"沿线国家、丝绸之路经济带、上海合作组织等，单独将中亚国家作为研究相对较少，研究内容主要涉及投资便利化水平的测评及其结果分析、对中国对外直接投资的影响（见上，在此不再赘述）、存在的问题及对策建议等方面。

（一）对"一带一路"沿线国家投资便利化问题的研究

张亚斌（2016）测评"一带一路"沿线亚欧非国家的投资便利化

水平，发现欧洲发达国家投资便利化水平明显高于亚洲、非洲国家，中亚、南亚、东欧和非洲的投资便利化水平有待提高。马文秀、乔敏健（2016）对选取的"一带一路"沿线 50 个国家和世界 140 个国家和地区 2010—2015 年的投资便利化水平进行测算，得出"一带一路"沿线大多数国家投资便利化水平普遍较低，与发达国家之间差距显著，总体上有较大提升空间。黄英婉（2017）研究"一带一路"沿线国家贸易投资便利化水平，得出中东北亚、南亚国家贸易投资便利化水平较低，而东南亚国家便利化水平整体较高，西亚国家水平差异显著，而中东欧国家便利化水平大多属于一般便利，差异不大。喻胜华、聂早暖（2018）基于分位数回归模型研究其对"一带一路"沿线国家双边贸易额的影响，结果表明："一带一路"沿线国家的贸易投资便利化水平差异显著，东欧、南欧和东南亚是贸易投资便利化有待改善的重点区域。刘镇、邱志萍、朱丽萌（2018）采用主成分分析法测评了"一带一路"沿线 50 个国家与"海上丝绸之路"沿线国家的投资便利化水平，研究得出 2006—2015 年海上丝绸之路沿线国家各区域投资便利化水平均得到了提高，空间上自动向西呈现"东西高、中间低"的特征，中国便利化水平较低。夏春光（2018）研究"一带一路"沿线国家投资便利化水平，发现发达经济体投资便利化水平较高。王吉霞（2018）研究"一带一路"沿线国家的投资便利化水平，发现西亚、北非和东盟的便利化水平高于其他区域，中东欧、独联体国家次之，而中亚和南亚居于末位，投资便利化水平的区域性差异突出。朱明侠、左思明（2019）研究发现，"一带一路"各沿线国家的便利化水平都稳步发展，但也存在一定的差异，发达国家投资便利化水平明显高于发展中国家。段秀芳、李雪艳（2019）研究中国与周边国家的投资便利化水平，发现周边国家投资便利化水平均低于中国，周边整体投资环境有较大的提升空间。

此外，张建平、樊子嫣（2016）分析了"一带一路"沿线国家的贸易投资便利化状况，并提出了提升贸易投资便利化的相关措施需求。庞敏、张志伟（2019）基于投资便利化影响贸易发展的机理，探讨了中国与"一带一路"沿线国家构建新型贸易关系的对策。才凌惠、朱延福（2019）运用面板数据模型分析国家规模对"一带一路"沿线国家贸易投资便利化的影响，发现国土面积和居民消费水平都会反向抑制沿线国家贸易投资便利化水平，而居民收入水平对贸易投资便利化影响较小。

（二）对上海合作组织投资便利化的研究

王海燕（2008）分析了中哈贸易投资便利化与新疆经济发展的双向互动影响。王海燕等（2012）总结了投资便利化的含义，认为简化并协调上海合作组织各成员国投资者在跨国投资活动中的各种程序，从而创造一种透明和预见性强的投资环境，进而提出措施建议。徐雅雯（2012）通过对上海合作组织 10 年来投资便利化发展进程中取得的成果和存在的问题进行研究，提出加快推进人民币国际化、大力推进国际大通道和大通关建设等策略来提升上海合作组织的投资便利化水平。刘华芹（2013）在分析形成区域贸易投资便利化的法律基础与合作机制的基础上，依据问卷调查和世界经济论坛发布的《全球竞争力报告》对上海合作组织区域投资便利化进行了简单评估，得出区域投资便利化水平稳步提升的结论，指出上海合作组织的区域市场准入水平和跨境管理效率有待提高，认为上海合作组织贸易投资便利化是推进"丝绸之路经济带"建设的重要支撑和范例。

（三）中亚国家投资便利化问题的研究

韩东（2015）分析了推进中国与中亚五国贸易投资便利化的条件，运用定量方法对影响中国对中亚直接投资的因素进行研究，得出中亚五国的经济自由度指数、能矿资源和清廉指数对中国对其直接投资有显著的推动作用，提出中国与中亚五国贸易投资便利化的推进策略。王容（2016）分析了中国与中亚的背景及其投资现状，以及中国与中亚各国投资便利化的制约因素，并提出相关对策。黄光灿、王钰（2016）运用灰色关联法分析了哈萨克斯坦、吉尔吉斯斯坦、塔吉克斯坦、俄罗斯、印度及巴基斯坦6个丝路国家的科教环境、规制环境、基础设施和金融环境与中国对外直接投资存量的关联度，发现基础设施的关联度一直最大，规制环境的关联度排名逐步上升，重点改善这两个指标能够持续推进直接投资便利化。

七、其他区域和国家投资便利化问题研究

除了新亚欧大陆桥沿线区域和国家外，学者们还对东盟、APEC、国内的自贸区等区域和日本、韩国、澳大利亚等国家的投资便利化问题进行了研究，探究投资便利化的经济效应、发展进程和实施路径等。

（一）对 APEC 投资便利化的研究

张蕴岭、赵江林（2001 年）分析了 APEC 的投资便利化进程，并将其分为准备阶段，确定目标阶段和实施阶段。邱毅敏（2008）认为，贸易投资自由化和便利化是实现区域经济合作目标的两个有效工具；发展中国家与发达国家进行贸易投资自由化和便利化，同样能够极大地优化本国产业结构，促进本国技术进步。沈铭辉（2009）依据投资便利化行动计划，分析了 APEC 投资便利化的发展进程、特点和存在的问题，指出了投资便利化九项原则和推进对策。李文韬（2011）总结了APEC 贸易投资便利化合作的最新进展，并在评估 APEC 便利化合作现实障碍的基础上，提出中国参与未来该领域合作的策略选择。刘重力、杨宏（2014）总结评估了 APEC 在贸易投资便利化方面的最新进展，并针对其取得的成效和存在的不足为中国在自身的贸易投资便利化战略选

择方面提供了相应建议。查纯丽（2018）基于贸易投资便利化的视角，探索了实现 APEC 与"一带一路"倡议对接的路径。

（二）对东盟投资便利化问题的研究

丁丁、章秋琼、战慧（2005）从投资自由化与便利化的角度出发，研究中国与东盟未来投资合作的框架以及其中的主要内容，并比较其他自由贸易区的投资合作协议特点，设计了应该遵循的原则，并在法律层面提供可能与可行的建议。黄绥彪、赵乐为、李季骎、陈宁（2007）从金融视角下分析中国对东盟投资不足的内因，并指出进一步推进双方投资便利化进程的金融因素。黄震国、殷存真、杨俊敏（2007）在中国—东盟自由贸易区即将建成的背景下，探讨了中国在推动中国—东盟自由贸易区贸易投资便利化方面所作出的努力和取得的成果。陈宁（2008）在阐述投资便利化的表现形式基础上，对区域内相互直接投资便利化的经济效应进行了分析，并基于金融视角分析了制约因素，提出针对性的金融对策。蔡鹏鸿（2009）从投资自由化、协议主要原则和未来发展方向 3 个方面分析了中国—东盟《投资协议》。熊若風（2011）在对中国—东盟自由贸易区《投资协议》（2009）研究的基础上，从 4 个方面指出 CAFTA 投资自由化及便利化急需解决的实际问题。徐佳宁（2013）分析了在中国—东盟自贸区内推进投资便利化可能引致的经济和战略效应。王瑄（2015）运用改进的引力模型研究了中国—东盟投资便利化问题，实证分析了 FDI 流入量与两国经济规模水平、投资便利化指数、两国的绝对距离以及贸易进出口数值之间的关系，发现推动中国—东盟金融环境、外资政策以及基础设施方面的便利程度，能够有效地促进中国—东盟整体投资水平的有效增长。陈瑶雯、莫敏、范祚军（2018）运用主成分分析方法测算了 2011—2015 年中国与东盟十国的投资便利化水平，发现各研究对象的投资便利化水平存在较大差异。

此外，田昕清（2018）对于澜湄合作框架下的贸易和投资便利化发展现状与挑战进行了分析，并探究了提升澜湄合作贸易投资便利化水平的实施路径。张琪（2019）研究发现东南亚地区投资便利化水平显著高于其他区域，并且多数亚洲国家投资便利化水平提升潜力很大。

（三）对东亚国家投资便利化问题的研究

郭飞、李卓、王飞、杨国亮、方勇等（2006）在建立 CGE 模型分析的基础上，研究了外国直接投资的流入对东亚地区国家具有正面效果。樊莹（2011）对东亚贸易投资便利化领域合作的成就与最新进展进行总结，分析了进一步推进东亚贸易投资便利化合作面临的障碍与挑战。董伟通（2015）分析了中日韩投资便利化的经济效应，包括技术进步、产业结构升级、创造就业、贸易扩张和促进经济增长等积极效应，以及东道国经济安全问题，母国资本、产业配置问题等负面效应。原静（2019）采用 VAR 模型来实证分析了"一带一路"倡议对于东亚区域投资便利化进程的影响以及东亚经济体间所存在的相互影响机制。王璐瑶、葛顺奇（2019）梳理近几年签订的《全面与进步跨太平洋伙伴关系协定》（CPTPP）、加拿大—欧盟全面性经济与贸易协议（Comprehensive Economic and Trade Agreement，CETA）、中国—韩国自由贸易协定和中国—自由贸易协定澳大利亚自由贸易协定中的投资便利化内容，分析投资便利化在全球经济治理中的发展趋势及前景，并结合中国在国际国内两个层面对投资便利化实践的突破和仍然存在的问题，探讨未来中国深化投资便利化改革的方向。

（四）对个别国家及其他地区投资便利化问题的研究

对单一特定国家投资便利化问题的研究，目前成果相对较少，以俄罗斯居多。郭力（2010）分析了中俄直接投资便利化的作用及实施路径。刘晓音（2015）探究了丝绸之路经济带对中俄贸易投资便利化的影响，指出丝绸之路经济带和"欧亚经济联盟"的建设，会促进中俄全方位的贸易投资合作和投资领域多元化发展。包淑娴（2017）运用PEST分析方法对中澳自贸区的投资便利化问题进行了研究，并提出了推进中澳自贸区投资合作的建议与举措。张亚华、杨绪可、熊文（2018）运用主成分分析法测算俄罗斯投资便利化水平，发现基础设施指标、制度环境指标对俄罗斯投资便利化水平影响权重较大。

对其他国家和地区投资便利化的研究成果很少。珀金斯·F.、霍里奇·M.等（Perkins·F.、Horridge·M.等，2005）通过运用一般均衡模型，对中国和澳大利亚双方投资便利化所产生的效应进行模拟。帕帕达基·E.、梅雷特·M.等（Papadaki·E.、Merette·M.等，2008）通过应用一般均衡模型对美加两国的投资自由化程度和效应进行深入分析。草监平（2014）在分析泛北部湾区域贸易与投资发展现状的基础上，探讨了该区域推进贸易与投资便利化合作将面临的主要障碍，以及应该优先发展的领域，并提出具体的促进措施和政策建议。党营营（2018）研究非洲国家的投资便利化水平，发现非洲国家投资便利化水平普遍偏低，仅有南非、肯尼亚便利化水平较高，且各国投资便利化的改善程度各异。

八、文献述评

（一）投资便利化已有研究成果的特点

通过对国内外投资便利化问题研究文献的梳理可以发现，已有研究成果具有以下4个特点。

一是投资便利化问题已经进入独立研究阶段，是国际投资领域的新兴议题。梳理文献发现，便利化问题的研究源于对贸易便利化问题的研究，之后出现了对贸易投资便利化问题的研究，并产生了大量成果，但是侧重点都是对贸易便利化的研究，对投资便利化涉及很少。APEC2008

年公布的《投资便利化行动计划》（IFAP）中首次提出投资便利化的定义以后，才开始有学者独立研究投资便利化问题。从已有成果来看，对投资便利化问题的独立研究主要在 2015 年之后的最近几年（而且高水平成果更少），研究历史非常短，是国际投资领域的新兴议题。

二是研究内容集中于投资便利化水平的测评及其对中国对外投资的影响，贸易效应和法律基础方面的成果极少，非常薄弱，与国外差别较大。国外学者对发达国家投资便利化的理论和实证研究成果相对丰富，主要侧重采用一般均衡模型对欧美、澳大利亚和中国等投资大国投资便利化的效应的研究，包括投资效应、贸易效应、福利效应等多个方面。国内学者对投资便利化问题的研究处于起步阶段，主要侧重主成分分析方法对 APEC、中国—东盟、东亚国家和"一带一路"等某一区域投资便利化水平、影响因素及其对中国对外直接投资的影响方面的研究。另外，在宏观经济政策和理论制度层面还有少量研究成果，主要以 APEC 和上海合作组织为研究对象，研究了投资便利化进程以及路径选择问题。

目前，国内外对投资便利化的专题研究主要集中在经济学领域，在法学领域的研究鲜见，仅仅搜索到几篇有关论文，可见，投资便利化的法律基础相关研究非常薄弱。同样地，投资便利化对中国贸易的影响的成果也非常之少（尤其是进口贸易效应方面的研究），仅仅搜索到几篇有关论文，而且主要都是贸易投资便利化的出口贸易效应，侧重于贸易便利化而非投资。

三是研究对象集中于"一带一路"沿线国家和东盟，专门研究中亚国家投资便利化问题的成果极少。综上可见，针对"一带一路"沿线国家和东盟国家投资便利化问题的研究已经取得一些初步成果，对东亚和中俄投资便利化也有涉足。但是专门针对中国与中亚国家投资便利化问题的成果几乎没有。仅可查到的几篇论文，都是简单分析中亚国家贸易投资便利化的条件、制约因素及推进策略。虽然中亚五国也属于

"一带一路"沿线国家，但是目前关于"一带一路"沿线国家投资便利化问题的研究成果，大多都是从整体分析，少数细分为包括中亚在内的几个区域，但大都是仅对测算结果做最基本的简单描述。而且"一带一路"沿线国家有 70 多个，发达国家、发展中国家甚至最不发达国家都有，基本国情和经济发展阶段差异很大，投资环境和对外投资的需求特点也各异，鉴于中亚国家在共建"一带一路"倡议中地位独特而重要，在推进"一带一路"建设和中国"走出去"战略实施过程中起着重要作用，单独研究中国与中亚国家投资便利化问题意义重大。

四是研究方法已经从单纯的定性分析发展到定性与定量（实证）方法相结合。实证研究主要体现在两个方面，其一，投资便利化水平测评方法，主要以主成分分析法为主，测评结果主要侧重对投资便利化水平综合指标结果本身、一级指标和二级指标权重的简单分析。其二，实证研究投资便利化水平对中国对外直接投资的影响，学者们主要运用引力模型、多元线性回归模型等分析方法。

（二）本书研究的特色（拟突破的几个问题）

鉴于以上考虑，本书除了对中亚国家投资便利化的国内外环境、便利化水平测评以及对一级和二级指标权重进行常规性分析，对中国对外直接投资的影响等常规问题进行分析研究外，尝试在以下 4 个方面有所突破。

一是尝试从世界贸易组织、上海合作组织、"一带一路"倡议对接协定以及中国与中亚国家签订的双边投资保护协定和避免双重征税协定等几个方面全面梳理并分析中国与中亚国家投资便利化的法律基础及其状况。

二是在选择构建投资便利化指标体系时，充分考虑中亚国家特点选择了 19 个二级指标构，尤其在分析实证结果部分，除了进行常规性分析外，还首次针对二级指标得分情况对中亚国家与中国、独联体和丝绸之路经济带沿线国家平均得分情况进行了纵向和横向的对比分析。

三是运用扩展的贸易引力模型和面板数据分别实证研究了中亚国家投资便利化对中国的出口效应和进口效应。目前，投资便利化的出口效应已有少量成果，但是投资便利化的进口效应问题还鲜有研究。

四是在对策建议部分，分别针对每一个一级指标，每一个二级指标权重，以及每一个国家二级指标的得分情况，从中国与中亚两个方面全面而有针对性地提出推动中国与中亚国家投资便利化发展的对策建议。

第三节　研究思路、主要内容与研究方法

一、研究思路

本书在阐述了研究的背景和意义，梳理关于投资便利化的相关研究成果及阐释相关投资便利化理论的基础上，首先，梳理研究了中国对中亚国家投资便利化的多双边法律基础。其次，从纵向和横向两个方面全面系统地比较分析了中国对中亚国家直接投资的现状。再次，对中国与中亚国家投资便利化的内外部环境从多方面进行了比较深入的定性分析。从次，通过构建投资便利化测评指标体系，运用主成分分析法测算包括中国与中亚国家在内的丝绸之路经济带沿线 26 个国家 2013—2017年的投资便利化水平，根据研究结果对各个国家的投资便利化水平进行比较分析。最后，通过拓展引力模型结合面板数据，考察了中亚国家投资便利化水平对中国对其直接投资的效应和进出口贸易的效应。另外，在上述分析及实证研究结果的基础上，有针对性地提出提升中国与中亚国家投资便利化水平的对策建议（见图 1-1）。

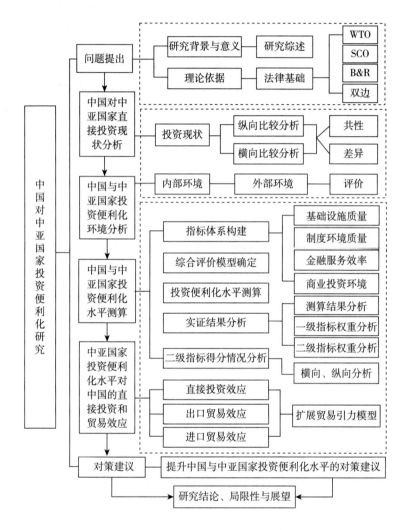

图 1-1　研究思路框架结构

二、主要内容

本书内容共九章，具体结构及主要内容如下。

第一章，绪论。阐述了选题背景和研究意义，并对研究范围、相关概念和内涵进行界定，重点对中国与中亚国家投资便利化相关研究成果进行回顾、梳理，并进行评述。同时，概述本书的研究思路、主要内容及研究方法，并指出本书研究的创新和不足之处。

第二章，投资便利化理论依据。梳理了投资便利化的概念和表现形式，选取与投资便利化密切相关的交易成本理论、区位优势理论、投资诱发要素组合理论、产品生命周期理论、国际生产折衷理论和边际产业扩张理论等作为研究中国与中亚国家投资便利化的理论基础。

第三章，中国与中亚国家投资便利化的法律基础。首先从目前直接与中国和中亚国家投资便利化相关的世界贸易组织有关协定和投资便利化谈判、上海合作组织有关协定和措施计划、丝绸之路经济带倡议下有关对接协议、中国与中亚国家签订的双边投资保护协定和避免双重征税协定等几个方面梳理并分析中国与中亚国家投资便利化的法律基础及其状况。

第四章，中国对中亚国家直接投资现状比较分析。首先，纵向对2006—2018年中国对中亚国家直接投资现状的投资流量和存量规模、国别分布、行业分布、投资区位以及投资主体5个方面进行全面深入的比较分析。其次，从中国对中亚五国直接投资、中国对世界直接投资、中国对"一带一路"沿线国家以及对转型经济体国家的直接投资3个方面进行横向的比较分析，以全面反映中国对中亚国家直接投资的地位。

第五章，中国与中亚国家投资便利化的内外部环境。内部环境分别对中国和中亚五国投资便利化的经济发展环境、政策环境、社会政治环境进行了全面分析，并进行综合评价。外部环境分析了中国与中亚国家投资便利化的地缘政治环境、国际经济环境、欧亚经济联盟、国际关系中的能源因素。

第六章，中国与中亚国家投资便利化水平测评与分析。首先基于世界经济论坛发布的《全球竞争力报告》，构建了一套投资便利化评价指标体系，其中包括基础设施、制度环境、金融服务、商业投资环境4个

一级指标和 19 个二级指标。其次，运用主成分分析法得出投资便利化
综合评价模型，接着对 2013—2017 年中国与中亚国家投资便利化水平
进行测算，并对测算结果及一级指标权重进行动态比较分析。最后，根
据《全球竞争力报告》提供的二级指标得分情况，对中亚国家投资便
利化情况进行了纵向分析，并与中国、独联体和丝绸之路经济带沿线
26 个国家得分情况进行了横向比较分析。

第七章，中亚国家投资便利化对中国的投资与贸易效应。首先，
采用面板数据，基于拓展引力模型实证检验投资便利化水平对中国对
中亚国家的直接投资效应，并进一步将影响投资便利化水平的各项一
级指标引入模型，研究具体各方面指数对中国对中亚国家直接投资的
影响。其次，采用面板数据，基于拓展引力模型，分别实证检验了中
亚国家投资便利化水平对中国对中亚国家的出口贸易效应和进口贸易
效应。

第八章，推动中国与中亚国家投资便利化的对策建议。基于实证研
究结果，依次从基础设施质量、制度环境、金融服务效率和商业投资环
境 4 个方面，分别从中亚国家和中国两个视角提出若干提升中亚国家投
资便利化水平进而促进中国直接投资的对策建议。此外，基于前文与中
亚国家投资便利化有关的多双边法律制度建设发展情况，从构建多双边
投资便利化法律体系角度提出提升中亚国家投资便利化水平的对策
建议。

第九章，研究结论、局限性与研究方向。首先，总结归纳前文对投
资便利化法律基础、内外部环境、投资便利化水平测算结果、直接投资
效应和贸易效应以及对策建议的主要研究结论。其次，指出研究的局限
性以及未来需要进一步深入研究的问题。

三、研究方法

本书研究的指导理论涉及国际经济学、国际投资学、区域经济学等

多门学科，并在此基础上进行探索和研究。本书涉及的研究方法主要包括以下 5 种。

（一）文献研究法

本书通过收集、整理、归纳学术界关于投资便利化问题的相关研究成果，总结投资便利化问题的研究方法，参考贸易便利化的测度方法构建投资便利化水平指标体系，并选取恰当的指标测度投资便利化水平。

（二）资料研究法

本书在撰写投资便利化法律基础、内外部环境分析以及对策措施等章节时，通过各种不同渠道，从许多相关权威机构搜集了大量翔实可靠的实际资料信息，进行整理、归纳、分析提炼、概括总结，保证了分析论证的依据可靠，研究结论客观、现实、科学。

（三）比较研究法

纵向比较和横向比较分析相结合。通过 2006—2018 年中国对中亚国家直接投资各方面的纵向比较分析，把握中国对中亚国家直接投资的发展趋势、一般规律或特点以及国别差异；通过横向比较分析，认识中国对中亚国家直接投资在中国对外直接投资总体中的状况、与转型经济体的差距，以及在丝绸之路经济带沿线国家中的地位以及差异，为中国政府制定相关政策和规划，以及为企业开展对外投资实践提供有益的参考。

为了全面认识和准确判断中亚国家投资便利化水平情况，本书尽最大可能地测度了丝绸之路经济带沿线有完整数据可查的 26 个国家 2013—2017 年的投资便利化水平，并分为中国、中亚国家、东亚、西亚、独联体国家、欧洲 6 个区域，从区域差异、国别差异、变动趋势等方面进行了横向和纵向比较分析。另外，还分别从投资便利化一级指标权重和二级指标得分对中国对中亚国家投资便利化水平与中国、独联体国家和丝绸之路经济带沿线 26 个国家总体水平进行了横向和纵向的比较分析。

（四）实证研究方法

在测算中亚国家投资便利化水平时，运用主成分分析法构建涵盖 4 个一级指标和 19 个二级指标的投资便利化指标体系，利用 SPSS 软件对所有指标提取主成分，确定各指标系数并计算各指标的权重，选取全球竞争力报告（GCR）2013—2017 年的数据，测算各个国家的投资便利化水平。在研究中亚国家投资便利化水平的经济效应问题时，采用面板数据，应用拓展的引力模型实证检验了投资便利化水平对中国对中亚国家的直接投资效应和进出口贸易效应。

（五）实地调研法

本书通过实地走访考察与中亚国家经贸业务往来比较多的特变电工、野马国际、三宝实业集团等疆内企业，以及掌握中亚国家政策和总体情况的自治区商务厅等单位，充分利用新疆财经大学孔子学院与哈萨克斯坦中石油等企业建立的密切合作关系，以及经常去中亚国家考察的朋友，获得了许多第一手资料，力求使该研究结果建立在坚实的理论基础和大量的客观事实之上，达到理论与实践的完美统一。

此外，本书的研究还应用到定性研究和规范研究方法。定性研究主要体现在中国对中亚国家直接投资的内外部环境分析，对中亚国家投资便利化法律基础的研究等方面。对提升中国对中亚国家投资便利化水平的对策建议部分进行了规范研究。

第四节　创新与不足之处

一、创新之处

（一）研究对象创新：中亚国家

由于投资便利化问题的研究是近几年的一个新议题，因而专门针对投资便利化问题的研究成果相对较少，大部分是将贸易便利化和投资便利化放在一起进行研究，研究重点是贸易便利化。在近几年单独针对投资便利化问题的研究中，研究对象主要集中于"一带一路"沿线国家整体、东盟、APEC 等，也有个别成果涉及自贸区、亚洲、非洲、中俄、中日韩等，对中亚国家投资便利化问题的专门研究目前几乎没有，而中亚国家是未来我国"一带一路"倡议推进实施的重点地区，也是吸引中国投资潜力最大的区域。

（二）研究内容创新：投资便利化的法律基础

目前，学术界对投资便利化的法律基础问题的相关研究基本还是空白。本书首次从世界贸易组织有关协定、上海合作组织有关协定、"一带一路"倡议下有关对接协议以及中国与中亚国家签订的双边投资保护协定和避免双重征税协定等几个方面研究投资便利化的法律基础问题，是一次开创性探索研究。其次，对投资便利化的进出口贸易效应的研究具有一定的创新性。另外，对投资便利化二级指标从权重和得分两个方面进行的比较分析也具有一定的创新性。

（三）全面深入系统

现有研究对投资便利化水平的分析大多都局限于投资便利化综合评价指数（TWIFI）本身和投资便利化一级指标权重的简单分析。而本书除此之外，还对投资便利化二级指标从权重和得分两个视角进行了纵横两个方面的深入细致的比较分析。尤其在对策部分，分别针对每一个一级指标和每一个二级指标权重，以及每一个国家二级指标的得分情况，结合各国实际情况，分别从中亚和中国两个方面全面而有针对性地提出推动中国与中亚国家投资便利化发展的对策建议。此外，全面深入系统还体现在对中亚国家投资便利化的法律基础的研究部分。

二、不足之处

一是《全球竞争力报告》中用于反映投资便利化情况的 4 个一级指标下的 19 个二级指标因缺少土库曼斯坦和乌兹别克斯坦两个国家的系统数据导致数据不全，因此，无法测评这两国的投资便利化水平。

二是投资便利化涉及面太广，影响因素过多，二级指标的选取不可能面面俱到。本书在选取构建投资便利化综合评价指标体系指标时，虽然已经综合考虑了现有研究成果中经过证明对投资便利化水平有显著影响的若干指标，还结合投资诱发要素组合理论和中亚国家的实际情况，选取了具有较高代表性的指标，但是由于投资便利化涉及面太广，而且目前关于构建投资便利化指标体系也还没有一个完整、统一、客观的标准，因而在选取指标时具有一定的主观性，无法容纳所有相关指标，可能测算结果会有微小误差，以致无法精准反映中亚国家投资便利化水平最真实的情况。

三是由于特殊原因去中亚国家实地考察调研的计划因多次申请未能批复而未能成行，但经过努力通过以下途径基本解决了实地考察的不足。首先，中亚国家调查所需资料主要依赖多年积累的与中国新疆在各中亚国家的企业人脉资源交流获取；其次，通过实地走访考察新疆本地与中亚国家有经贸业务往来的重点企业、自治区商务厅等单位获取；再次，通过在哈萨克斯坦的新疆财经大学孔子学院与中石油等企业建立的良好关系而取得；从次，通过私人与相关企业和政府部门的熟人以及频繁考察中亚国家的朋友交流获得；最后，通过高层次的华和国际商务、中吉经贸合作促进会交流平台等微信群获取有关中亚国家大量宏微观实际资料。

第二章

投资便利化理论依据

随着经济全球化的快速发展，全球国际投资迅猛发展，国际投资便利化问题逐渐成为各国学者和国际组织研究的热点问题，其中以 APEC 的成果最为显著。APEC 通过制定《投资便利化行动计划》（IFAP），致力于通过提高政策透明度、简化手续、提高政府管理效率等方法，从而促进各成员国提高投资便利化水平。而已经比较成熟的国际投资相关理论则为投资便利化实践提供了比较丰富的理论基础。

第一节　投资便利化概念及表现形式

一、投资便利化概念

关于投资便利化的定义目前学术界尚未形成一致的意见。比较有代表性的是亚洲太平洋经济合作组织（APEC）在 2008 年发布的《投资便利化行动计划》（*Investment Facilitation Action Plan*，IFAP）中最早提出的投资便利化概念，认为投资便利化是指各国政府通过采取一系列措施吸引外资，并在投资周期的全部阶段中加强管理和提高办事效率，从而达到吸引更多外商投资的行为或做法。IFAP 中还指出投资便利化的根本在于在保证利益最大化的同时，保障投资活动更有效地开展。透明性、简单性和可预测性是其最重要的原则之一，[1] 这也要求各成员国应积极改善本国投资环境，完善立法规则，妥善解决投资中的纠纷问题，以保障投资活动能够更有效地进行。

亚太经合组织（APEC）的《投资便利化行动计划》（IFAP）的主要目标包括加强区域经济一体化、加强竞争力和经济增长的可持续性、

---

[1]　APEC Investment Facilitation Action Plan（IFAP），全文下载于 APEC 官方网站：http://www. apec. org/Home/Groups/Committee – on – Trade – and – Investment/Investment – Experts – Group.

扩大繁荣和就业机会以及向茂物目标的实现进一步迈进。① 从这些主要目标可以看出，投资便利化所带来的经济效应已经得到国际社会的共识。

OECD 认为投资便利化是指简化和协调各成员国进行国际投资过程中的各种程序和政策，营造一种透明的、可预见性的投资环境。OECD更加注重投资便利化相关政策协调和审批程序的简化，最终实现为跨境投资企业创造优良投资环境的目的。在这个过程中，要求各成员国积极参加制定投资促进政策，包括创新投资制度建设、简化投资审批程序、减少外商投资进入限制、加强基础设施建设等。共同推进政策实施，为国际投资创造一个高效的、透明的、可预见的环境。

根据 2016 年联合国贸发会议（UNCTAD）发布的《UNCTAD 投资便利化全球行动清单》及相关解释，投资便利化指的是一套旨在使投资者更容易建立和扩大投资，以及在东道国开展日常业务的政策和行动。投资便利化与投资促进是两种不同类型的活动：前者关注如何使投资者易于建立或扩大投资，以及在东道国开展日常业务，而后者则关注如何促使投资者将某一特定地点作为投资目的地进行投资。魏艳茹（2019）认为，APEC 的定义严谨性不足，UNCTAD 的定义内涵同时兼顾了投资便利化的功能性要件和规范性要件，更为周到全面客观。②

综合上述，APEC《投资便利化行动计划》、OECD 并结合张亚斌（2016）、吴丹（2018）、魏艳茹（2019）、左思明和朱明侠（2019）等学者对投资便利化的定义，作者认为投资便利化的内涵是通过构建一个透明、高效和服务性的投资环境，提高资本跨国流动性并降低交易成本，从而吸引外国投资的过程。

---

① APEC Investment Facilitation Action Plan（IFAP）.
② 魏艳茹. 中国—东盟投资便利化法律机制研究——以中国（广西）自贸区建设为背景[J]. 广西大学学报（哲学社会科学版），2019（5）：52 – 60.

二、投资便利化的表现形式

近年来，投资便利化成为热点研究问题，国际组织如 OECD、APEC、世界银行以及各国学者们分别从不同的方向和采用不同的方式跟进，但关于投资便利化的具体表现形式尚不明确，缺乏系统的定义。本书通过对现有关于投资便利化表现形式的资料整合，最终选择不同国别采取的便利化措施来介绍投资便利化的具体表现形式。

（一）东道国投资便利化措施

东道国投资便利化措施主要包括提供外商投资咨询服务便利、提高政府投资管理部门管理水平以及减少外商投资者投资权利限制 3 个方面。

1. 提供外商投资咨询服务便利化

为外资引入提供便利化服务是东道国投资便利化措施的核心。通常将这一部分划分为 3 个阶段进行，即外商投资前、投资决策后和投资正式实施运营。首先是为外商投资者提供投资决策前的相关决策信息，例如，本国的市场信息、产业结构信息以及法律法规及资源等信息，协助投资者在当地市场进行实地勘察，为投资者提供合适的投资地点参考。其次是决策后的信息服务，例如，为投资者提供如何获得审批及许可方面的信息，以及如何从当地市场选择合适的员工、获取相关法律援助的途径等便利化服务。最后是实施投资运营后东道国所采取的便利化措施，例如，通过加强基础设施建设，降低投资成本，提高投资者的认可度，吸引更多外商投资；发展和丰富下游产业供应链，促进投资者对上下游产业链的建设；引进新的管理方法和技术，帮助当地企业转型升级，提高本国整体产业水平。

2. 提高政府管理能力以及提供便利政策

提高政府的管理能力以及提供便利政策主要体现在提高外资审批效

率，审批程序过度复杂会影响投资正常运营。因此，通过简化外商投资审批程序、放宽投资审批标准和提高审批透明度等措施完善管理，为投资者提供更多便利和保障。

3. 减少投资者投资权利限制

减少投资者权利限制包括东道国适当放宽对外资的控制、给予外商投资者合理的利益。例如，适当放松某些急需发展产业的外资股权比例以及放松对外资流向控制，鼓励外商投资者加大投资力度，以加快该产业的快速发展；减少对投资者权利的限制，适当放宽投资者的权利。

（二）母国投资便利化措施

母国投资便利化措施主要表现在提供投资信息便利化、金融服务便利化和海外投资保险制度便利化3个方面。

1. 投资信息便利化

投资信息便利化是指母国通过及时更新投资信息网站或组织实地勘察等方式向本国投资者提供关于东道国宏观经济状况、投资环境状况以及投资相关法律法规等信息，指导本国投资者进行海外投资选择。就目前而言，中国投资者中的中小企业尚缺乏信息收集能力，母国通过采取这种方式，可起到鼓励和支持中小企业进行海外投资。

2. 金融服务便利化

金融服务便利化是指母国通过建立金融机构帮助本国投资者进行海外投资。母国为本国投资者提供专门的融资方式或进行金融合作的方法鼓励本国投资者"走出去"，这样既可达到专款专用的效果，也能提高企业融资效率，从而提高本国投资者在海外投资的竞争力。

3. 海外投资保险制度便利化

海外投资保险制度便利化是指母国为本国企业进行境外投资提供的一种便利化保障机制。企业首先向本国保险机构缴纳保费，当东道国出现诸如政治风险、法律法规变动、战争风险等突发事件而带来损失时，母国为企业做担保，对造成的相应损失进行赔偿，以保障企业的利益。因此，完善海外投资保险制度，是推进企业对外直接投资顺利推行的保障。

第二节　国际投资理论

第二次世界大战之后，尤其是 20 世纪 50 年代以后，跨越国界的资本流动越发趋于频繁，西方发达国家跨国公司的对外直接投资蓬勃兴起，为战后各国恢复重建提供了巨大的推动力。学者们为了解释这一时期跨国企业开展国际直接投资的现象，从不同维度分析研究国际直接投资的深层动因、区位选择、影响因素以及生产方式等问题，提出了多个解释发达国家对外直接投资行为的相关理论。直到 20 世纪 70 年代，随着发展中国家对外投资的逐渐发展，随后出现一系列针对发展中国家对外直接投资问题的研究，国际直接投资理论也得到了进一步发展。这些理论很好地解释了国际投资的动因、影响因素等问题，本书也主要以上述理论为依据研究中国与中亚国家的投资便利化问题。

一、交易成本理论

英国著名经济学家罗纳德·哈里·科斯（R. H. Coase，1937）在其发表的重要论文《论企业的性质》中首次提出交易成本的概念。科斯认为，交易成本是企业在促成交易的过程中所发生的所有费用。比如，企业在决策前需要收集准确的市场信息，决策中所需的谈判，决策后为保证完成契约而实施的有效监管，处理履约过程中可能存在的违约行为，这一交易过程中所需的总费用构成了交易成本。通过建立一种持久的阶层关系，将资源有效结合起来，像企业组织结构一样，从而达到降低成本的目的。

在国际投资活动中，也存在诸如审批程序烦琐、信息不对称、政府管理效率低等问题，导致成本增加。基于成本交易理论，中国在加强对中亚国家直接投资时，应该与中亚国家关于投资便利化制定相应的政策，降低企业的交易成本，消除投资壁垒，使企业跨境投资更加便利。

二、区位优势理论

区位优势理论由英国经济学家邓宁（John Harry Dunning，1977）提出，区位优势一般可以分为两类，一类是直接区位优势，由于东道国自身所具备的一些有利因素而形成的区位优势，包括东道国广阔消费市场、低价要素禀赋、政府投资优惠政策等。另一类是间接区位优势，由于东道国和投资国之间的一些不利因素所形成的区位优势，包括商品贸易壁垒、物流运输费用等。

中亚五国地处欧亚大陆的中间带，处于丝绸之路经济带连接欧洲经济圈和亚洲经济圈的腹地，新亚欧大陆桥和中国—中亚—西亚两条经济走廊汇集于此，加之其独特的地缘政治地位和丰富的能源资源，使中亚国家在丝绸之路经济带沿线国家中具有不可替代的重要地位。中亚各国的区位优势也各有不同，与中国的经济有很强的互补性，中国企业对中亚国家开展直接投资，可以充分利用其区位优势，获得较高的投资收益。

三、投资诱发要素组合理论

投资诱发要素组合理论在国际经济学者共同丰富和发展下形成于20 世纪80 年代，他们指出，投资诱发要素包括直接诱发要素和间接诱发要素两种，直接要素和间接要素相辅相成，共同对对外直接投资产生影响。其中，直接诱发要素是东道国和母国均可拥有的实际的生产要素，一般包括资金、技术、资源和劳动力等。而除了直接诱发要素之外的一切对对外直接投资有影响的要素则是间接诱发要素，间接诱发要素主要分为三类：一是东道国拥有的对对外直接投资有影响的要素，如基础设施、金融和商业环境、制度环境等；二是母国拥有的对对外直接投资有影响的要素，如与东道国签署的合作协议、鼓励本国企业开展对外直接投资的政策法规等；三是国际市场对对外直接投资产生影响的要素，如科学技术的进步、区域经济合作的发展等。

中亚国家的资源、市场等直接诱发要素和基础设施等间接诱发要素，共同对中国对其直接投资产生重要影响，影响中国企业的对外投资选择。

中国对中亚国家开展直接投资，正是在"一带一路"合作框架下开展国际投资合作的必然选择，沿线国家的区位优势、交易成本差异和所拥有的投资诱发要素是吸引中国企业对其进行直接投资的重要因素，在考察中亚国家投资便利化水平对中国对其直接投资的影响时，需要将相关要素纳入考虑。

四、产品生命周期理论

产品生命周期理论（Product Life Cycle Theory）是美国哈佛大学教授雷蒙德·弗农（Raymond Vernon，1966）在《产品周期中的国际投资和国际贸易》中提出的。该理论指出新产品从进入市场到在市场上发展成熟，最终被市场淘汰的过程，产品在市场上要经历开发、引进、成长、成熟、衰退5个阶段。这5个阶段在经济水平不同和技术水平有差异的国家，发生的时间和过程也存在差别，从而反映出各国技术上存在的差距，最终表现为同一产品在不同国家市场上竞争力的差距，导致国际投资选择发生变化。

弗农将产品在市场上经历的周期分为创新、成熟、标准化 3 个阶段，将各个阶段与企业跨国投资选择联系在一起。在产品创新阶段，产品生产活动一般集中在具备较强研发能力、经济实力雄厚、市场较大的发达国家，生产此类产品的创新企业通过技术优势和新产品占领市场，生产成本对企业对外投资区位选择影响较小。在产品成熟阶段，同等质量产品在市场上不断增加，国内外产品市场竞争激烈，降低产品生产成本成为企业的迫切需求。当在国外生产更具有成本优势时，企业将通过跨国投资拓宽国外市场，绕开贸易壁垒，企业通常选择生产成本较低、市场需求规模大的国家开展跨国投资活动，从而延续对新技术的垄断优势。在产品标准化阶段，创新生产企业拥有的垄断优势消失，成本和价格成为企业竞争的焦点，降低劳动力成本成为影响区位选择的重要因素，因此，企业开始在劳动力多且成本低的发展中国家开展跨国投资活动，发展中国家开始大量生产并出口。

中国与中亚国家的经济互补性很强，尤其在我国走向制造业转型升级，而中亚国家加快发展工业化阶段的现在以及未来很长时期将表现得更加突出。中国对中亚国家进行直接投资的过程，也是将我国具有比较优势的产品进行转移的过程，而中亚国家普遍资源富裕、土地等生产要素价格较低、经济发展水平不高、工业基础薄弱但市场潜力巨大，这一转移过程符合产品生命周期变化规律。

五、国际生产折衷理论

国际生产折衷理论由英国著名经济学家邓宁在其出版的《贸易、经济活动的区位与跨国企业：折衷理论的探索》一书中首次提出。该理论认为一国企业从事跨国投资活动是由 3 个因素共同决定的，即所有权优势、内部化优势和区位优势，只有同时具备这 3 种优势，企业跨国投资才能够顺利进行。其中，所有权优势也称垄断优势，是企业进行对外投资的必要条件，既包括有形的技术优势也包括无形的（如组织管理能力）优势，这些优势是东道国企业所没有的和无法获得的优势。内部化优势是企业在进行跨国投资时，将其自身所拥有的所有权和资产进行内部化所体现出来的优势，这一优势主要为避免因市场不完全而增加企业对外投资过程中的交易成本。区位优势是一国企业在进行跨国投资国别或地区选择时，需要考察东道国的基础设施建设、资源情况、经济发展水平、劳动力水平、政策环境等优势。邓宁认为，企业是否进行跨国投资以及选择何种投资方式，区位优势是最主要的决定因素。

国际生产折衷理论给予了垄断优势充分的肯定，并在此基础上强调区位优势这一影响因素的重要性，是本书研究中国对中亚国家直接投资影响的理论基础，也是本书构建投资便利化指标体系选取指标的理论依据。中国与中亚国家毗邻而且经济互补性强，中国在资金和技术上优势显著，中亚国家制造业发展和基础设施建设对中国有巨大需求，而中国对中亚国家丰富的能源资源有巨大需求，双方投资合作市场潜力巨大。

六、边际产业扩张和小规模技术理论

边际产业扩张理论由小岛清（Kiyoshi Kojima，1977）提出，他认为对外直接投资是为了将本国已处于或即将处于比较劣势的边际产业转移到能够吸纳该产业的东道国，进而在因此引致的贸易中实现互补并获得更大收益。

小规模技术理论由刘易斯·威尔斯（Louis J. Wells，1977）提出，他认为发展中国家可以运用自身掌握的满足小市场需求的小规模生产技术对外进行直接投资，参与国际市场竞争。

技术地方化理论由拉奥（Sanjaya Lall，1983）提出，他认为发展中国家可以通过对成熟技术进行本地化改进和再创新，形成特有的竞争优势，进而参与国际直接投资。

技术创新产业升级理论由坎特维尔和托兰惕诺（John A. Cantwell and Paz Estrella Tolentino，1990）提出，他们认为发展中国家可以通过对外直接投资过程中的技术积累与创新，带动本国产业结构升级。

中国对中亚国家开展直接投资，多数情况下也是结合自身的所有权特定优势、内部化优势等和东道国的区位优势等因素，还通过边际产业扩张、小规模技术优势和技术地方化改造等实现本国和中亚国家的共同发展。

上述投资便利化理论和国际直接投资理论共同构成了本书测度中亚国家投资便利化水平并实证分析其对中国对中亚国家直接投资和贸易影响的理论依据。

第三章

中国与中亚国家投资便利化的法律基础

随着经济全球化和区域经济一体化的迅猛发展，经济体之间阻碍贸易和资本流动的障碍逐渐减少甚至消除，以贸易自由化、投资便利化为代表的经济全球化成为推动世界经济快速发展的重要动力。然而，2008年国际金融危机爆发后，为清除跨国交易投资过程中的机制性和技术性障碍，减少交易成本和困难，作为抑制世界经济衰退，促进全球贸易和投资发展的重要工具，投资便利化继贸易便利化之后，成为近年来国际组织、各国政府和商界普遍关注和大力推动的重点议题。

目前，中国已经成为世界第二大对外投资国，中亚国家以其地缘优势、资源优势和地缘政治优势成为中国对外直接投资的重点区域。同时，中亚国家作为"一带一路"倡议的重点国家，其投资便利化水平直接影响着"一带一路"倡议的推进落实。本章拟从与投资便利化有关的法律层面梳理并分析中国与中亚国家投资便利化的法律基础及其状况。目前，直接与中国和中亚国家投资便利化相关的法律载体主要有世界贸易组织、上海合作组织、"一带一路"倡议以及中国与中亚国家签订的双边投资保护协定和避免双重征税协定等几个方面。

第一节　世贸组织框架下的投资便利化法律基础

跨境投资是经济增长的重要动力，但是现有国际投资规则以双边和区域协议为主，具有碎片化、复杂化的特点。[①] 关于国际投资的多边条约，目前主要有 1965 年在华盛顿通过的《关于解决各国和其他国家的国民间投资争端的公约》，1976 年制定的联合国《跨国公司行动守则》（2000 年修订），1985 年在汉城通过的《多边投资担保机构公约》，1994 年在马拉喀什通过的《与贸易有关的投资措施协议》。有关国际投资的法律调整，在国际法层面上尚未形成一套完整的法律制度体系，国

---

① 洪俊杰，中国推动投资便利化议题在世贸组织收获广泛支持，人民网，2017 - 12 - 20。

际条约中的投资规范主要集中反映在双边投资协定中。当前，国际投资体制处于零散状态，大致上存在着超过 3300 个双边投资条约，因此，世界贸易组织（WTO）是当前进行国际投资便利化谈判的最佳平台。[①]尽管目前为止 WTO 框架下还未能达成专门的投资便利化协定，但是，成员国普遍意识到在 WTO 框架内展开投资便利化谈判具有重要意义，并在近年取得明显成效。

一、世界贸易组织投资便利化相关协定

世界贸易组织作为当前涵盖范围最广、影响最大、最权威的国际多边贸易组织，达成了一系列约束成员国（现有 164 个）之间贸易关系的条约或协定，涵盖成员国贸易关系的方方面面，其中，与国际投资有关的协议主要有 4 个：《与贸易有关的投资措施协议》（TRIMs）、《服务贸易总协定》（GATS）、《与贸易有关的知识产权协定》（TRIPs）、《补贴与反补贴措施协议》（SCM）。[②]

（一）WTO《与贸易有关的投资措施协议》（TRIMs）

《与贸易有关的投资措施协议》（以下简称 TRIMs 协议）适用于与货物有关的特定投资措施，专门处理对贸易具有不利影响的限制性措施。[③] 该协议第二条概括性地规定：各成员国所采取的与贸易有关的投资措施不得违背关贸总协定第三条有关国民待遇的规定，以及第十一条有关禁止数量限制的规定。依据 TRIMs 协议第八条规定，与贸易有关的投资措施争端可适用 WTO 的争端解决机制。从相关条款内容可以看

---

① 张磊，积极稳妥地推动 WTO 投资便利化框架，《WTO 经济导刊》，2018 年 9 期.

② 佚名，世界贸易组织国际投资规则与我国外资立法改进，找法网，http: // china. findlaw. cn/2010 - 05 - 31.

③ 佚名，世界贸易组织国际投资规则与我国外资立法改进，找法网，http: // china. findlaw. cn/2010 - 05 - 31.

出，目前 WTO 成员国投资便利化是依附于贸易便利化之上的。

（二）WTO《服务贸易总协定》（GATS）

《服务贸易总协定》（GATS）是在跨境支付、境外消费、商业存在、自然人流动等方面服务贸易的规定，其与国际投资联系较为密切的是市场准入和国民待遇两个核心条款的规定。GATS 第十六条市场准入条款明确规定：不得通过对外国持股的最高比例或单个或总体外国投资总额的限制来限制外国资本参与。GATS 第十七条国民待遇条款规定：在列入其承诺表的部门中，在遵照其中所列条件和资格的前提下，每个成员在所有影响服务提供的措施方面，给予任何其他成员的服务和服务提供者的待遇不得低于其给予该国相同服务和服务提供者的待遇。①

（三）WTO《与贸易有关的知识产权协定》（TRIPs）

《与贸易有关的知识产权协定》（TRIPs）明确规定了在保护知识产权方面的基本原则有最低保护标准、国民待遇、最惠国待遇、透明度原则。保护知识产权的规定与国际投资具有密切联系，知识产权作为一种财产权可以用于投资，东道国对知识产权保护不力就可能构成投资障碍。

（四）WTO《补贴与反补贴措施协议》（SCM）

《补贴与反补贴措施协议》（SCM）中的补贴指在某一成员国的领土内，由政府或者任何公共机构向企业提供的财政资助，以及采取的任何形式的收入支持或者价格支持，和由此而给予的某种优惠。补贴分为禁止性补贴、可申诉补贴、不可申诉补贴。对于禁止性补贴和可申诉补贴，受损害的成员方可以采取反补贴措施或者救济方法对其损失予以弥补。在国际投资中，由于该协议普遍适用于一国所有内资和外资企业，

----

① 郭德香，外资银行准入制度及其立法思考，学习论坛，2012－09－15.

因此，东道国的投资激励措施可能构成该协议所定义的补贴行为而受到该协议的管制。①

二、世贸组织投资便利化谈判

进入 21 世纪以来，随着经济全球化的快速发展，全球投资规模迅速扩大，制定国际多边投资规则的需求日益迫切，国际社会积极推进多边投资规则制定的趋势正逐步形成。中国在 2001 年加入世贸组织后，中国对外直接投资流量从 2002 年的 27 亿美元，居于全球第 26 位，提升到 2018 年的 1430.4 亿美元，居于全球第 2 位；中国对外直接投资存量由 2002 年的 299 亿美元，居于全球第 25 位，提升到 2018 年的 1.98 万亿美元，居于全球第 3 位。② 中国在全球对外直接投资地位和影响力的迅速提升也使中国成为推动全球投资便利化规则制定的积极推动者。

（一）WTO 体制下投资便利化议题的提出（1996 年、2001 年、2003 年）

1996 年，在新加坡召开的 WTO 第一届部长会议上设立了贸易与投资便利化议题工作组，当时曾经被考虑作为多哈回合贸易谈判的一部分，但是后来没有被纳入，只有贸易便利化议题纳入 WTO 的正式谈判。

2001 年 11 月，WTO 多哈会议部长宣言中指出，多边投资框架有助于建立一个透明、稳定和可预测的投资环境，推动国际直接投资的发展，从而促进全球贸易的增长。自此，构建 WTO 体制下的多边投资框架协议计划提上议事议程。

2003 年 9 月，在墨西哥坎昆召开的 WTO 第五届部长会议上开启多

---

① 佚名，世界贸易组织国际投资规则与我国外资立法改进，找法网，http：// china. findlaw. cn/2010 - 05 - 31.

② 2018 年《中国对外直接投资统计公报》。

边投资协议的实质性谈判，但由于初次谈判分歧较大，最终无果而终。

（二）WTO 中国投资便利化方案与"投资便利化之友"
（2016—2017 年）

中国作为世界上第二大引进外资国和对外投资国，构建国际多边投资便利化协议框架不仅具有重要的理论价值，也同样具有重大的实践意义。随着我国国际地位的提升，近几年我国一直在积极稳妥地推动 WTO 框架下的投资便利化谈判。

1. 《G20 全球投资指导原则》（2016 年）

2016 年，中国在担任 G20 轮值主席国期间，就贸易、投资以及投资便利化谈判的非约束性指导原则成立了新的工作组，并于 2016 年 9 月在杭州峰会上推动二十国集团达成《G20 全球投资指导原则》。习近平主席指出，指导原则是全球首个多边投资规则框架，填补了国际投资领域空白，对促进 G20 从危机应对到向长效治理机制转变具有里程碑意义。[①]

2. WTO 中国投资便利化方案与"投资便利化之友"（2017 年）

在 G20 成果的基础上，我国于 2016 年 10 月率先在世贸组织提出投资便利化议题，创造性地将投资、贸易和发展三大领域融合，聚焦讨论增强投资政策透明度、提升行政审批效率和加强国际能力建设合作等领域，以及世贸组织如何通过制定投资便利化规则框架提升成员的贸易能力和实现发展目标。

2017 年 4 月，中方提交提案，建议聚焦讨论增强投资政策透明度、提升行政审批效率和加强国际能力建设合作等领域，开展非正式对话。

在提交中国方案的同时，中方还牵头巴西、阿根廷、尼日利亚等 16 个发展中国家世贸组织成员组成"投资便利化之友"，联合开展推动

---

① 入世 16 年中国方案照亮多边贸易体制前进之路，中国新闻网，https：//www.chinanews.com/，2017－12－26。

工作。中国在世贸组织发起成立"投资便利化之友",率先提出投资便利化议题,旨在积极响应业界诉求,提升全球投资便利化水平。作为一项为世贸组织推进全球投资便利化所提供的中国方案,投资便利化议题得到世贸组织成员的广泛关注和积极响应。①

(三) WTO《关于投资便利化的联合部长声明》(2017 年)

2017 年 12 月初,我国协调相关方在世贸组织举办了 6 次非正式对话会议及 2 次研讨会,吸引了逾 80 个世贸成员参加讨论,在短期内就投资便利化议题达成了较强的共识。② 2017 年 12 月 10 日,在阿根廷举行的世贸组织第十一届部长级会议首口,中国商务部部长钟山专门召集了欧盟、日本、加拿大、巴西、阿根廷、马来西亚、尼日利亚、贝宁、柬埔寨等 66 个世贸成员参加的投资便利化早餐会。64 个成员参与联署《投资便利化早餐会部长联合声明》,呼吁世贸组织进一步加强对投资便利化议题的讨论,推动最终形成多边规则框架。最终 70 个成员通过了《关于投资便利化的联合部长声明》。声明强调投资与贸易和发展密切相关,应推动在全球层面加强国际合作;支持开展深入讨论以建立投资便利化多边框架;主张与相关政府间组织合作,评估发展中成员和最不发达成员需求,并给予相应技术援助和能力建设支持;认可成员监管权以满足其政策目标和发展需要;呼吁第十一届部长级会议进行投资便利化议题部长级专题讨论,呼吁全体世贸组织成员积极参加,争取通过《关于投资便利化的部长决定》。③

但是,讨论这个议题的提议受到包括印度、南非等国的强烈反对。对投资便利化倡议持怀疑态度的成员认为这个议题超出了 WTO 的授权

---

① 张卫中,投资便利化中国方案获世贸组织成员积极响应,人民日报,2017 - 12 - 12.

② 洪俊杰,中国推动投资便利化议题在世贸组织收获广泛支持,人民网,http://finance. people. com. cn/2017 - 12 - 20.

③ 投资便利化中国方案获世贸组织成员积极响应,国际——人民网,http://world. people. com. cn/, 2017 - 12 - 11.

范围。另一个问题是，对诸如投资便利化这样的新议题的"有组织架构的讨论"是否以及如何融入 WTO 的框架和正式程序。结果，本届部长级会议没有通过预期的《关于投资便利化的部长决定》。但是，《关于投资便利化的部长联合声明》的签署，表明在 WTO 框架下的投资便利化谈判已经取得初步成效。

（四）巴西"建议 WTO 达成投资便利化协定"的提案（2018 年）

2018 年 2 月，巴西向 WTO 总理事会提交了"建议 WTO 达成一个投资便利化协定"的提案。巴西的提案是 WTO 第十一届部长会议结束以来的第一个正式提案。

与 2017 年多个代表团提出的提案相比较，巴西的提案涉及面更广，也更细。但是，主要的范围和因素维持不变，包括的协定条款旨在促进与投资政策和措施相关的规制和行政框架的透明度、可预见性和有效性。这些措施的支持者认为，这些做法可以为投资者提供一个更加稳定和安全的环境，从而在东道国进行可持续的投资，促进贸易和经济增长。

与其他代表团 2017 年提交的提案相一致，巴西的提案也强调有关投资保护和争端解决"将不"受制于现有的 WTO 争端解决规则，而且市场准入和政府采购也不在投资便利化协定的范围内。

巴西方案也包括了一系列说明性条款，比如投资者在其他国家采取的"企业社会责任的资源性原则和标准"，并建议了给予发展中成员和最不发达国家的特殊和差别待遇，这些条款包括技术援助、特定条款有更长的执行期，以及最不发达国家免于达到这些要求。

（五）WTO 投资便利化多边框架最新进展（2018—2019 年）

2017 年底，WTO《关于投资便利化的部长联合声明》签署之后，世界贸易组织就投资便利化多边框架进行了密集的结构性讨论。2018

年，世界贸易组织召开了7次实质性的会议，共有约70个代表团出席了上述会议，代表们在确定旨在提高投资措施透明度和可预测性的投资便利化框架（IFF – The WTO Framework for Investment Facilitation）的可能要素方面取得了重大进展；精简和加快行政程序和要求；加强国际合作、信息共享、最佳实践以及与利益相关方关系处理方面的交流、争端预防。

进入2019年，世界贸易组织举行了多次投资便利化会议，取得显著成效。其中，2019年4月和5月，世界贸易组织先后在瑞士日内瓦举行了2019年投资便利化第三次和第四次会议，分别专题讨论了提升行政效率议题及国际合作和发展议题。2019年7月18日，世界贸易组织在瑞士日内瓦举行了2019年投资便利化上半年工作总结会议，与会成员一致同意会议下一步将进入实质性案文磋商阶段。

2019年11月5日，世界贸易组织在上海举行小型部长会议。在会前中方举办的投资便利化议题部长午餐会上，包括中国、欧盟在内的92个世界贸易组织成员共同发表了联合声明，一致认可投资便利化的重要意义，积极支持世界贸易组织正在开展的投资便利化讨论。声明提出，投资便利化议题工作目标是制定多边规则框架，为跨境投资创造更加透明、高效和可预测的环境，各方将致力于在世界贸易组织第十二届部长级会议上取得具体成果。①

三、世界贸易组织框架下投资便利化法律基础评价

综上所述，世界贸易组织框架下有关协定中与投资相关的有关原则和规定，以及世界贸易组织框架下投资便利化框架的谈判进展，可以得到如下四点认识。

---

① 世界贸易组织小型部长会议达成多项一致，新华网，http://www.xinhuanet.com/，2019 – 11 – 05.

（一）WTO 现有投资相关协定是目前成员国国内法律制度和投资行为的准则

在世界贸易组织投资便利化多边框架达成之前，世贸组织框架下与国际投资有关的《与贸易有关的投资措施协议》（TRIMs）等上述 4 个协定中的相关原则和规定，构成对所有世界贸易组织成员国制定本国投资法律制度、双边投资保护协定和区域性投资法律制度及其投资争端解决的重要依据。世界贸易组织成员国在制定本国与投资相关法律和政策时，必须遵守上述 4 个协定有关的原则及其规定，以确保相关投资法律和政策符合世界贸易组织的有关规定和原则，并严格切实执法，为投资者创造公平、公开、透明的投资环境。企业在进行国际投资活动时也必须清楚投资东道国相关投资法律及其规定，并遵守相关投资规则，才能确保投资活动的顺利进行。在上述协议中，《与贸易有关的投资措施协议》（TRIMs）和《服务贸易总协定》（GATS）对我国外资立法具有直接影响。

（二）作为 WTO 成员的中亚国家投资法律政策受制于 WTO 相关投资规定

中亚国家在独立以后积极申请加入世界贸易组织，吉尔吉斯斯坦、塔吉克斯坦、哈萨克斯坦分别于 1998 年、2012 年和 2015 年加入世界贸易组织，乌兹别克斯坦也在新任总统米尔济约耶夫执政后重启加入世界贸易组织工作，并加快了加入世界贸易组织进程。就连中立国地位的土库曼斯坦也把加入世界贸易组织提上议事日程，于 2020 年 4 月 15 日签署《关于土库曼斯坦以观察员国身份加入世贸组织》的命令，向世界贸易组织总干事递交了以观察员身份入世的申请函。尽管目前世界贸易组织框架下还没有专门独立的多边投资协议，但上述 4 个协定中与投资相关的原则和规则也会对中亚国家相关投资法律和政策起到一定的约束作用，进而影响到企业投资活动，为中国企业投资中亚市场提供一个相对稳定和安全的法律环境。

（三）WTO 投资便利化多边框架已取得广泛而重要共识，形成良好工作机制

世界贸易组织框架下的投资便利化议题从 1996 年 WTO 第一届部长会议（新加坡会议）上设立贸易与投资便利化议题工作组，到 2003 年 9 月 WTO 第五届部长会议（坎昆会议）上开启多边投资协议的实质性谈判，再到 2017 年世界贸易组织第十一届部长级会议（布宜诺斯艾利斯会议）70 个成员联合签署《关于投资便利化的联合部长声明》，以及 2018 年和 2019 年世界贸易组织进行的旨在提高投资措施透明度和可预测性的投资便利化框架的密集的结构性讨论，都深刻地说明世界贸易组织投资便利化多边框架已经取得广泛而重要的共识，形成了良好的工作机制，为世界贸易组织投资便利化多边框架的达成奠定了坚实的基础，未来前景可期。

（四）中国是 WTO 投资便利化谈判的倡导者和积极推动者

世界贸易组织投资便利化谈判自 1996 年第一届部长级会议提出，经过 22 年的艰苦努力，直到 2017 年第十一届部长级会议发表《关于投资便利化的联合部长声明》才取得实质性突破，而这一重大突破正是得益于中国坚持不懈的积极主动作为。从 2016 年中国积极推动二十国集团达成《G20 全球投资指导原则》，到 2016 年 10 月率先在世界贸易组织提出投资便利化议题，再到 2017 年 4 月提交中方提案，并牵头世界贸易组织成员组成"投资便利化之友"，再到 2017 年 12 月初协调相关方在世界贸易组织举办 6 次非正式对话会议及 2 次研讨会，最后到 2017 年 12 月 10 日世界贸易组织第十一届部长级会议首日，中国专门召集了欧盟、日本等 66 个世界贸易组织成员参加的投资便利化早餐会。

上述一系列紧锣密鼓、扎实有效的积极行动直接促成了《关于投资便利化的联合部长声明》这一重大谈判成果。事实表明，中国是 WTO 投资便利化多边框架的倡导者和积极推动者，并起到至关重要的作用。

第二节　上海合作组织框架下的
投资便利化法律基础

上海合作组织（以下简称上合组织）于 2001 年 6 月在上海"五国机制"的基础上成立。原始成员国包括中国、俄罗斯以及除了土库曼斯坦之外的哈萨克斯坦、乌兹别克斯坦、塔吉克斯坦、吉尔吉斯斯坦其他中亚四国，2017 年 6 月，印度和巴基斯坦正式加入。因此，上海合作组织框架下的投资便利化规则和措施也构成中国与中亚国家投资便利化的法律基础。

一、上合组织成立初期启动投资便利化进程

2001 年 9 月 14 日，上合组织各国元首根据《上海合作组织成立宣言》的规定和原则，参照世界贸易组织的规则，签署《上海合作组织成员国政府间关于开展区域经济合作的基本目标和方向及启动贸易和投资便利化进程的备忘录》，把启动贸易和投资便利化进程作为现阶段上合组织内开展区域经济合作的重要任务。并在第二条规定，贸易和投资便利化将通过以下途径实现：分步骤消除贸易和投资障碍；为实现货物和旅客的运输，包括过境运输，确保法律、经济、组织和其他条件；发展口岸基础设施；协调商品和技术标准；扩大法律法规信息交流；吸引和保护相互投资。[①] 2003 年 9 月，上合组织又签署了首部《上海合作组

[①] 《上海合作组织成员国政府间关于开展区域经济合作的基本目标和方向及启动贸易和投资便利化进程的备忘录》，www. pkulaw，2001 - 09 - 14。

织成员国多边经贸合作纲要》。两个重要文件签署以来，中国在落实中发挥了十分突出的作用。在投资方面，截至 2019 年 4 月末，中国对上合组织成员国各类投资总额超过 870 亿美元。在互联互通建设方面，中吉乌公路为上合组织成员国注入了新的发展动力，中国—中亚天然气管道、中哈原油管道等能源合作项目提升了区域内经贸合作水平。中国新疆与周边上合组织成员国新开通了 17 条跨境光缆，加强了中国与邻国的数字互联互通。[①] 但是也存在落实缓慢的问题。

二、上合组织政府间国际道路运输便利化协定

国际道路运输便利化是国际投资便利化的重要内容。中国与哈萨克斯坦等中亚国家的双边运输协议签署已久，但上合组织成员国间的国际道路运输多边协议一直是空白，导致中国与中亚国家间经第三方的运输十分不便。为了解决多国过境运输这一难题，经过多轮磋商，2004 年 8 月，上合组织原六国签署《上海合作组织国际道路运输多边协定草案》。之后历经十年谈判，于 2014 年 9 月 12 日正式签署《上海合作组织成员国政府间国际道路运输便利化协定》（以下简称《便利化协定》），这是上合组织成员国在多边经贸合作领域里的一大突破。

此次《便利化协定》的签署，为上合组织交通便利化提供了重要的法律基础。其核心内涵是协调和简化国际道路运输程序和要求，使各方运输车辆在许可证制度下，经规定线路从事跨境运输。《便利化协定》提出到 2018—2020 年，上合组织内将开通 6 条连接成员国的国际公路走廊，包括从俄罗斯圣彼得堡到中国连云港的"欧洲—中国西部公路"（2018 年 9 月通车的"双西公路"）和从俄罗斯西伯利亚的巴尔瑙尔到中国乌鲁木齐的公路等。也就是说，到 2020 年将初步形成上海合作组织道路运输网。

---

① 肖斌，解析新版《上合组织成员国多边经贸合作纲要》，《世界知识》，2019 年第 23 期。

《上海合作组织成员国政府间国际道路运输便利化协定》的签署，将加快丝绸之路经济带的公路、桥梁等基础设施建设，加速互联互通建设，深化上合组织经贸领域合作，可以说是各成员国对"丝绸之路经济带"倡议的积极回应。作为毗邻中亚的新疆，国家提出以通道建设为依托，把新疆建设成"丝绸之路经济带"核心区，未来将在这一大通道建设中发挥重要作用。

2019 年 11 月，上合组织成员国政府首脑（总理）理事会第十八次会议批准了新版《上海合作组织成员国多边经贸合作纲要》（以下简称新版《纲要》），是扩员后上合组织推出的第一个基础性、纲领性的合作文件，成为 2020—2035 年推动上合组织区域经济合作在新时代取得新发展的重要纲领性指导文件，对新时代上合组织的发展意义重大。根据新版《纲要》的内容，未来 15 年上合组织区域经济合作将以创新合作为新动力，优先加强成员国间互联互通，大力构建互利共赢的欧亚地区合作空间。这将有力推动成员国间贸易和投资自由化便利化，提升互联互通水平。

三、上合组织框架下投资便利化法律基础评价

（一）投资便利化法律文本未得到很好的贯彻实施和延续

综上可见，上合组织运行 18 年来，除了 2001 年成立之初提出启动投资便利化进程，并制定了有关措施计划之外，其后在达成的上合组织重要文件中，没有见到专门的投资便利化文件或条款，投资便利化问题未能得到充分重视。

（二）投资便利化措施计划未得到很好的落实

在实践中，投资便利化进程启动之后所制订的措施计划未能得到很

好的落实。《上海合作组织成员国政府间国际道路运输便利化协定》自
2014 年签署生效已经 5 年有余，但是在各种复杂因素的干扰下，上合
组织成员国在签证、边防、海关、交通、动植物检验检疫等领域便利化
方面还没有取得共识，导致中塔公路修复建设等项目至今无法落地。

综上可见，上合组织框架下的投资便利化问题未能得到充分重视，
法律基础非常薄弱。

第三节　丝绸之路经济带对接下的
投资便利化法律基础

2013 年，中国国家主席习近平提出"一带一路"倡议后，先后得
到沿线很多国家和国际经济组织的积极响应。"一带一路"倡议提出 6
年来，共建"一带一路"倡议及其核心理念已写入联合国、二十国集
团、亚太经合组织以及其他区域组织等有关文件中，签署共建"一带一
路"政府间合作文件的国家和国际组织数量逐年增加。截至 2019 年
10 月末，中国已与 137 个国家和 30 个国际组织签署 197 份合作文件，
共建"一带一路"国家已由亚欧延伸至非洲、拉美、南太等区域。[①] 中
亚国家作为"丝绸之路经济带"自我国向西延展的首站，无疑是中国
"丝绸之路经济带"建设的重点国家，也是倡议的积极响应者和参与
者，中亚各国先后通过与中国签订"丝绸之路经济带"双边战略对接
协议、"丝绸之路经济带"与欧亚经济联盟对接协议，以及一系列经贸
合作协定，有力推动了中国与中亚国家的投资合作。这些协议或协定虽
然不是专门的投资便利化协定，却为双方众多互联互通项目的投资合作
提供了良好的合作机制、政策环境、商务环境和法律保障，极大地推动

---

① 佚名，"一带一路"倡议实施最新进展：中国已与 137 个国家和 30 个国际组织签署合作
文件，中国日报网，2019 年 11 月 18 日。

了投资便利化。

丝绸之路经济带建设的重点是基础设施的互联互通，而中亚国家普遍基础设施落后，且资金匮乏，成为其经济发展的短板。因此，2013年，中国国家主席习近平提出"丝绸之路经济带"倡议后，中亚国家积极响应和参与。目前，共建丝绸之路经济带的共识均纳入我国同中亚五国签署的联合宣言和发展规划等政治文件中。我国同塔吉克斯坦、哈萨克斯坦、吉尔吉斯斯坦先后签署共建丝绸之路经济带双边合作协议。哈萨克斯坦"光明之路"和2050战略、塔吉克斯坦"能源交通粮食"三大兴国战略、吉尔吉斯斯坦"国家稳定发展战略"、土库曼斯坦"强盛幸福时代"、乌兹别克斯坦"福利与繁荣年"规划等各国国家发展战略都与丝绸之路经济带建设找到了契合点。① 这6年来，在亚洲基础设施投资银行等措施的推动下，中国与中亚国家在基础设施为重点的对接合作已经取得显著成效。

一、丝绸之路经济带倡议与中亚五国的对接

（一）丝绸之路经济带倡议与哈萨克斯坦的对接

哈萨克斯坦是共建"一带一路"倡议的首倡之地，是最早同我国开展"一带一路"合作的国家之一，也是我国在中亚地区共建"一带一路"的重要伙伴和对接合作最为深入的国家。2014年12月14日，中哈签署《中哈共同建设丝绸之路经济带》合作文件。2016年9月2日，中哈签署《"丝绸之路经济带"建设与"光明之路"新经济政策对接合作规划》，这是"一带一路"倡议框架下签署发布的第一个双边合作规划，既是中哈两国之间加强发展战略对接、深化务实合作的一项顶层设计，也是构建中国—中亚—西亚国际经济合作走廊迈出的重要一

①　佚名，携手共建丝绸之路经济带，大陆桥视野，2015 – 07 – 15。

步。2019年9月11日，中哈签署《关于落实"丝绸之路经济带"建设与"光明之路"新经济政策对接合作规划的谅解备忘录》，旨在深化丝绸之路经济带建设与"光明之路"新经济政策对接，以路线图的形式突出战略对接、重点任务和主要举措，共同推进对接合作规划的落实。在两国元首战略引领下，中哈两国在投资和产能合作、跨境运输、农业、金融以及人文交流等领域取得显著成果。2014年5月，中哈物流基地在连云港启动运营，这使哈萨克斯坦乃至中亚物流第一次正式获得通向太平洋的出海口。2017年6月8日，"一带一路"标杆和示范项目中哈亚欧跨境运输正式启动，中哈物流合作实现了港口、航运、铁路的优势集成，为实现"丝绸之路经济带"与"21世纪海上丝绸之路"贸易联通提供了重要物流保障。2019年4月，苏木拜河联合引水工程改造完工和霍尔果斯河阿拉马力（楚库尔布拉克）联合泥石流拦阻坝项目开工。在"一带一路"框架下，中国对哈萨克斯坦的投资呈现快速增长态势。中哈已经形成了总金额达270亿美元的重点合作项目清单，哈萨克斯坦成为中国对外投资总量居于第3位的对象国。同时，中国也是哈萨克斯坦第一大贸易伙伴。

（二）丝绸之路经济带倡议与塔吉克斯坦的对接

塔吉克斯坦是世界上第一个同中国签署共建丝绸之路经济带合作备忘录的国家。自丝绸之路经济带建设开启以来，中塔两国领导人已先后会晤10次，推动两国丝绸之路经济带共建从起步、取得早期收获、取得重要成果到深度合作。2014年9月13日，中塔签署《关于共同推进丝绸之路经济带建设的合作备忘录》，这是"一带一路"沿线国家签署的首份合作备忘录。2015年9月，两国元首指出，共建丝绸之路经济带合作已经取得早期收获，愿继续加强各领域的合作。2017年6月9日，两国元首强调，要在共建合作取得重要成果的基础上，推动合作向高端、创新、多元方向发展，要加强经济政策协调和发展战略对接，推动互通互联建设取得新进展，促进贸易和投资自由化、便利化。① 2017 年 8 月 31 日，中塔两国签署《中塔合作规划纲要》。2017 年 9 月，中塔签署《关于建立全面战略伙伴关系联合声明》，其中明确指出："双方商定开展'一带一路'建设同塔吉克斯坦'2030 年前国家发展战略'对接合作，实现优势互补和共同发展繁荣"。两国元首表示要深度推进"一带一路"建设与塔吉克斯坦《2030 年前国家发展战略》深度对接，落实好中塔合作规划纲要，加强基础设施建设合作，构建全方位互联互通格局。② 中塔两国在"一带一路"建设中优先发展交通，公路、铁路等方面的基础设施建设成效显著。2016 年 8 月 24 日，中国企业在中亚建成的首条铁路——瓦亚铁路正式通车，对加快中国对中亚地区的互联互通有非常重要的意义。同时，中塔双方共同实施了一系列具有标志性的大型合作项目，水泥厂、炼油厂、农业纺织产业园、矿业冶炼工业园、丝路光缆等项目顺利实施，成为塔吉克斯坦工业化的"加速器"。此外，金融方面，双方还在探讨成立联合投资基金的可能性。

2018 年，中国与塔吉克斯坦贸易额达到 15 亿美元，中国已成为塔吉克斯坦第三大贸易伙伴。截至 2019 年 4 月末，中国对塔各类投资存量超过 20.3 亿美元，已成为塔吉克斯坦最大投资来源国，中国投资在塔外来投资总额中占比超过 40%，在塔注册的中资企业超过 300 家，实施的输变电、纺织和农业园、炼油厂、采矿厂等项目填补了当地相关产业空白，助力塔吉克斯坦从"农业工业国"向"工业农业国"转变。③

---

① 佚名，发展战略对接，推动互联互通新发展，解放日报，2017 - 06 - 10.

② 张维维，中国与塔吉克斯坦共建丝绸之路经济带研究，开发研究，2018 年第 1 期.

③ 佚名，商务部：中方期待与吉尔吉斯斯坦、塔吉克斯坦加强经贸实合作，新华网，2019 - 06 - 13.

（三）丝绸之路经济带倡议与吉尔吉斯斯坦的对接

吉尔吉斯斯坦是最早支持并积极参与"一带一路"建设的国家之一。这6年来，中国已成为吉尔吉斯斯坦最大贸易伙伴国、最大进口来源国和最大投资来源国，双方合作取得丰硕成果。中国与吉尔吉斯斯坦就共建"一带一路"达成高度共识，并签署相关合作文件，积极推进共建"一带一路"进程。倡议提出后，中吉两国就启动了"一带一路"倡议与《吉尔吉斯斯坦2013—2017年稳定发展战略》对接，稳步推进产能合作，实施重点项目，带动当地经济发展和民生建设。2015年3月26日，中吉签署《中吉关于双边经济技术援助项目合作框架协定》。2017年5月，首届"一带一路"国际合作高峰论坛期间，中国和吉尔吉斯斯坦签署了《中吉共同推动产能与投资合作重点项目的谅解备忘录》。2019年6月13日，第二届"一带一路"国际合作高峰论坛期间，中吉两国领导人一致同意加强"一带一路"同吉方"2018—2040年国家发展战略"对接，推动中吉友好合作取得更多成果。中吉两国在基础设施领域的投资合作成效显著。2015年，作为"一带一路"标志性项目之一的吉尔吉斯斯坦"达特卡—克明"输变电线项目顺利竣工。2017年，中吉最大能源合作项目比什凯克热电厂改造项目竣工投产，改变了吉电力短缺、严重依赖他国的困境。中方援建的比什凯克第九十五中学成为当地最现代化的学校，自2017年投入使用以来入学名额一直供不应求。2017年10月30日，中国、吉尔吉斯斯坦、乌兹别克斯坦三国联合组织国际道路货运试运行活动；11月1日，试运行活动接车仪式在喀什综合保税区举行，这标志着中吉乌三国首次实现商定线路的全程运输，作为丝绸之路经济带核心区的中国新疆第二条多边国际道路运输走廊顺利开通。2018年2月25日，中国－吉尔吉斯斯坦—乌兹别克斯坦国际货运道路正式通车，将三国间货物陆路运输时间由10天缩短到2天，随着与之配套的全球性货物运输海关通关系统，即 TIR 系统①在边境开通，中吉乌三国陆路通关的便利性得到显著提升，② 有力促进了国际运输便利化水平。2019 年 4 月 19 日，中方援建的中亚地区规模最大、医疗设备最先进的外科医院——奥什医院项目签署交接证书。目前，中吉双方正积极推进新北南公路、比什凯克市政路网改造、农业灌溉系统改造、新增中吉航线、中吉乌铁路、中国—中亚天然气管道 D 线、吉尔吉斯斯坦民用机场改建、丝路光缆项目等一系列合作项目的实施，将有力推动吉尔吉斯斯坦实现能源独立、道路畅通，促进当地的经济发展。

2018 年，中吉贸易额为 56.1 亿美元，中国连续多年是吉尔吉斯斯坦的第一大贸易伙伴。截至 2019 年 4 月末，中国对吉各类投资存量超过 27.5 亿美元，已成为吉尔吉斯斯坦最大投资来源国，③ 中国投资在吉外来投资总额中占比超过 40%。④

（四）丝绸之路经济带倡议与乌兹别克斯坦的对接

乌兹别克斯坦地处中亚腹地，是我国全面战略伙伴和共建"一带一路"的重要国家。2013 年 9 月，习近平主席提出建设"丝绸之路经济带"倡议，得到乌方积极响应，两国元首就加强共建"丝绸之路经济带"合作达成重要共识。2015 年 6 月 15 日，中国商务部和乌兹别克斯坦外经贸部签署《中乌关于在"丝绸之路经济带"倡议框架下扩大互利经贸合作的议定书》，将在共建"丝绸之路经济带"的框架下充分发挥现有双边经贸合作机制的作用，进一步全面深化和拓展两国在贸

---

① TIR 系统，基于《联合国 1975 年国际公路运输公约》（以下简称《TIR 公约》），就是采用 TIR 证件的集装箱货物运输从起运地海关检查封存后，运输到达目的地海关之前，沿途所有过境海关只需查看 TIR 证以及未被破坏的海关封印就可以放行，不需要对货物进行开箱检查，极大地简化了过境程序和时间，同时也能担保沿途各国海关对该批货物的关税。我国于 2016 年加入，是联合国《TIR 公约》第 70 个缔约方。

② 廖伟径，中吉经贸合作前景广阔，《经济日报》2019 – 06 – 12.

③ 佚名，商务部：中方期待与吉尔吉斯斯坦、塔吉克斯坦加强经贸务实合作，新华网，2019 – 06 – 13.

④ 邓浩，"一带一路"倡议与新时期中国的中亚外交，人民网 – 国际频道，2019 – 07 – 02.

易、投资、金融和交通通信等领域的互利合作，重点推动大宗商品贸易、基础设施建设、工业项目改造和工业园等领域项目实施，实现双边经贸合作和共建"丝绸之路经济带"的融合发展。[①] 在基础设施建设方面，2016 年 2 月 25 日，中铁隧道局集团负责设计、采购、施工的"中亚第一长隧道"的"安格连—帕普"铁路隧道全线贯通，填补了乌兹别克斯坦铁路隧道的空白。2018 年 2 月 25 日，中国—吉尔吉斯斯坦—乌兹别克斯坦国际货运道路正式通车，这是中吉乌三国首次实现国际道路全程运输，也是中国货车首次驶入非接壤国家。目前，中国援建的乌兹别克斯坦花拉子模州希瓦古城修复等项目正在顺利推进。目前中国是乌兹别克斯坦第一大投资来源国和第二大贸易伙伴。

（五）丝绸之路经济带倡议与土库曼斯坦的对接

土库曼斯坦是"一带一路"建设的重要支点国家，也是较早支持和参加"一带一路"建设的中亚国家。习近平主席提出的"一带一路"倡议和土库曼斯坦提出的"复兴丝绸之路"倡议具有共同的历史基础，双方就共建"一带一路"达成高度共识，并签署相关合作文件，积极推进共建"一带一路"进程。双方领导人多次探讨不断加强战略和行动对接，积极探讨实施"里海创新城"、区域物流中心等合作项目，共同推动"一带一路"建设和复兴丝绸之路的伟大事业，携手构建中土命运共同体。[②] 2014 年 5 月 12 日，土库曼斯坦总统访问中国期间双方已签署 16 份合作文件，涉及政治、经济、能源、农业、文化、马业和地方等多个领域。目前，土库曼斯坦建设"强盛幸福时代"发展战略与"丝绸之路经济带"建设实现了国家层面的有效对接，双方正在商签共同推进"一带一路"建设的合作文件，加紧进行

---

① 中国与乌兹别克斯坦签署共建"丝绸之路经济带"合作文件，新华网，http://www. xinhuanet.com//world，2015 – 06 – 17.

② 王德禄，中国驻土库曼斯坦大使：中土将共同推动"一带一路"建设和"复兴丝绸之路"伟大事业，中央广电总台国际在线，2019 – 09 – 30.

政策对接。目前，中国已成为土库曼斯坦第一大贸易伙伴，且在 2013 年成为土库曼斯坦天然气第一大买家。

二、丝绸之路经济带倡议与欧亚经济联盟的对接

欧亚经济联盟是区域经济一体化的国际组织，在俄白哈三国关税同盟和统一经济空间的基础上成立。俄白哈三国元首于 2014 年 5 月 29 日签署《欧亚经济联盟条约》，计划在 2025 年前实现商品、资本、服务和劳动力的自由流动，并在能源、工业、农业、交通运输等重点领域推行协调一致的政策。① 欧亚经济联盟于 2015 年 1 月 1 日正式启动，目前的成员国是俄罗斯、哈萨克斯坦、吉尔吉斯斯坦、白俄罗斯和亚美尼亚，其中，哈萨克斯坦和吉尔吉斯斯坦是与中国丝绸之路经济带对接合作成效最大的两个中亚国家。因此，丝绸之路经济带与欧亚经济联盟的对接也必然会对中国与中亚国家的对接产生重要的影响。

2015 年 5 月 8 日，中俄两国领导人签署并发表《中俄关于丝绸之路经济带建设和欧亚经济联盟建设对接合作的联合声明》。2017 年 10 月 1 日，中国商务部部长钟山与欧亚经济贸易委员尼基申娜在杭州签署《关于实质性结束中国与欧亚经济联盟经贸合作协议谈判联合声明》，达成了未来"一带一盟"经贸发展的制度框架。2018 年 5 月 17 日，中国商务部国际贸易谈判代表兼副部长傅自应与欧亚经济委员会执委会主席萨尔基相以及欧亚经济联盟各成员国代表共同签署《中华人民共和国与欧亚经济联盟经贸合作协定》，为合作奠定了法律基础和架构。这些文件不仅为形成中国与欧亚经济联盟良性互动的制度性合作安排、构建中国与欧亚经济联盟"利益共同体"打下新的基础，也为中国对哈萨克斯坦和吉尔吉斯斯坦的直接投资活动提供了制度性保障。

当前，中国是欧亚经济联盟的主要贸易伙伴。根据欧亚经济委员会

---

① 陆南泉，丝绸之路经济带与欧亚经济联盟关系问题，西伯利亚研究，2015 - 10 - 25.

的统计数据，2018 年，欧亚经济联盟与中国的贸易额增长了 23%，从 2017 年的 1030 亿美元增长至 1270 亿美元；中国在欧亚经济联盟贸易额中所占份额从 2017 年的 16.2% 增长至 16.76%；中国在欧亚经济联盟对外出口中所占份额达到 11.5%，而在进口中所占份额为 19.8%。同时，欧亚经济联盟成员国与中国相互投资的规模正在稳定增长，但投资合作潜力尚未得到充分挖掘。截至 2017 年末，中国对欧亚经济联盟累计投资约 140 亿美元。吸引中国投资累计最多的国家是哈萨克斯坦，共计 96 亿美元；其次是俄罗斯，吸引中国投资 42 亿美元。[①]（见表 3 - 1）

表 3 - 1   丝绸之路经济带倡议与中亚国家和欧亚经济联盟对接情况

国家和经济联盟	签订时间	协定名称
哈萨克斯坦	2014 年 12 月 14 日	《中哈共同建设丝绸之路经济带》合作文件
	2016 年 9 月 2 日	《中哈关于推进"丝绸之路经济带"建设与"光明之路"新经济政策对接合作规划》
	2019 年 9 月 11 日	《关于落实"丝绸之路经济带"建设与"光明之路"新经济政策对接合作规划的谅解备忘录》
塔吉克斯坦	2014 年 9 月 13 日	《关于共同推进丝绸之路经济带建设的合作备忘录》
	2017 年 8 月 31 日	《中塔合作规划纲要》
吉尔吉斯斯坦	2017 年 5 月 15 日	《中吉共同推动产能与投资合作重点项目的谅解备忘录》
	2018 年 6 月 6 日	《关于开展经贸合作区建设备忘录》
乌兹别克斯坦	2015 年 6 月 15 日	《中乌关于在"丝绸之路经济带"倡议框架下扩大互利经贸合作的议定书》
土库曼斯坦	2014 年 5 月 12 日	中国与土库曼斯坦签署了 16 份合作文件，涉及政治、经济、能源、农业、文化、马业和地方等多个领域
欧亚经济联盟	2015 年 5 月 8 日	《中俄关于丝绸之路经济带建设和欧亚经济联盟建设对接合作的联合声明》
	2017 年 10 月 1 日	《关于实质性结束中国与欧亚经济联盟经贸合作协议谈判联合声明》
	2018 年 5 月 17 日	《中华人民共和国与欧亚经济联盟经贸合作协定》

资料来源：根据中国商务部网站资料整理。

[①] 佚名，2018 年欧亚经济联盟与中国贸易额增长 23%，中国商务部驻德国经商参处，2019 - 04 - 19.

三、丝绸之路经济带倡议与中亚各国对接合作的共性与差异

（一）对接合作共性

1. 对接合作达成高度共识

从上述丝绸之路经济带倡议与中亚各国经济战略对接合作协议或备忘录签署情况及合作成果可以看到，中国与中亚五国领导人就共建丝绸之路经济带都达成了高度共识。中亚国家从最初的观望、疑惑，到接触参与，再到积极响应，最后到深度推进，总体上已经进入全面务实合作阶段。

2. 对接合作成果丰硕

共建丝绸之路经济带倡议提出短短 6 年，中国与中亚国家领导人互访频繁，签署了一系列经贸合作协定，在亚投行和丝路基金等融资平台支持下，一批重点合作项目已经竣工，一大批项目正在有序推进，在带动中国与中亚国家贸易投资发展的同时，有效带动了中亚国家经济社会的发展。

3. 对接合作领域高度集中

从目前已经完成和正在推进的合作项目来看，对接合作项目成果涉及的领域高度集中在以交通为主的基础设施建设领域，其次是以能源和矿产加工为主的制造业领域。

4. 对接合作主体地位高度一致

在对接合作中，中亚五国处于投资合作的需求方，主要提供市场和项目或标的，是对接合作项目的发包方或招标方。中国处于投资合作的供给方，主要提供融资和技术，是对接合作项目的投包方、投标方和承建方。

（二）对接合作差异性

从对接合作的实际情况看，中亚各国差异很大，主要表现在以下3个方面。

1. 对接合作法律基础程度不同

从签署对接合作协议或备忘录情况来看，哈萨克斯坦与中国签署了3个，在体制机制上是最为完善的，投资合作法律基础较好；塔吉克斯坦与中国签署了1个，却是世界上第一个与中国签署丝绸之路经济带对接合作协议的国家，意义重大，对接合作具有基本法律基础；乌兹别克斯坦与中国签署了1个，对接合作具有基本法律基础；吉尔吉斯斯坦和土库曼斯坦两国至今没有见到直接的对接协议或备忘录，在体制机制上还不够完善，缺乏对接合作的法律基础。

2. 对接合作成果①差异大

从对接合作成果来看，哈萨克斯坦作为中亚五国中经济体量最大，与中国经贸关系最好的国家，对接合作的成果相对最多；吉尔吉斯斯坦虽然经济落后，商务环境不佳，市场也非常小，而且至今没有与我国正式签署有关对接协议或备忘录，但是对接合作的项目成果最为突出；塔吉克斯坦和乌兹别克斯坦对接合作的重点项目成果相对较少；土库曼斯坦则至今未见到有影响力大的合作项目，这与土库曼斯坦中立国地位有关，也与中土两国至今没有签署正式的对接协议或备忘录有关。

3. 对接合作发展阶段不同

从对接合作发展阶段来看，总体上中亚国家已经从被动转向主动，但仍存在明显差距。中国与哈萨克斯坦、吉尔吉斯斯坦已经进入全面务实合作阶段，中国与塔吉克斯坦、乌兹别克斯坦处于积极推进阶段，而中国与土库曼斯坦总体上还基本处于缓慢推进阶段。

---

① 说明：此处对中国与中亚国家对接合作成果的评述，主要基于国内外公开渠道可以收集到的成果信息，可能存在成果遗漏的情况。

第四节　中国与中亚国家
双边投资便利化的法律基础

中亚国家独立之后，中国与中亚五国除了先后签署双边政府间经济贸易合作协定外，还签订了直接与投资便利化直接相关的双边投资保护协定和避免双重征税协定。此外，还签订了交通运输协定和能源合作协议等与投资便利化间接相关的协定，这些协定共同成为中国与中亚国家双边投资便利化的法律基础。

一、中国与中亚国家双边投资保护协定

（一）双边投资保护协定基本内容及其作用

双边投资保护协定是两国间投资活动便利化的基础性法律文件。双边投资保护协定的内容是投资国和东道国双方谈判和妥协的结果，因此，由于不同国家的具体经济情况不同，它们之间签订的协定的内容也会大相径庭。总体而言，双边投资保护协定应该具备以下一些主要内容：投资的界定、投资审批、外资准入及待遇、利润汇出、代位权、征收条件和补偿以及争端解决程序等条款，其内容往往是资本输出国和资本输入国利益平衡和互相妥协的结果。该协定的达成为投资活动的顺利进行提供了法律保障，是投资便利化的重要体现。

双边投资保护协定的作用主要表现在以下5个方面：一是为东道国创设了良好的投资环境。由于约定必须信守已成为各国普遍接受的国际法原则，因而双边投资协定在国际上对缔约国具有强有力的法律拘束力。二是成为保护投资最为重要的国际法制度。双边投资协定因其缔约

国只有两方易于达成一致，已被许多国家广泛采用，成为保护投资的最
为重要的国际法制度。三是可以加强或保证国内法的效力。当今许多国
家，特别是发达国家都建立了本国的海外投资保险或保证制度，并与国
内制度密切挂钩，使其成为加强国内海外投资保险或保证制度的重要国
际法手段。四是可以避免或减少法律障碍，保证投资关系的稳定性。双
边投资协定，特别是其中的促进与保护投资协定，为缔约国双方的私人
海外投资者预先规定了建立投资关系所应遵循的法律规范结构和框架，
可以避免或减少法律障碍，保证投资关系的稳定性。五是为投资争议的
妥善解决提供了有力保障。该协议规定了因条约的解释、履行而产生争
议，因投资而产生争议的解决途径与程序，特别是大多数协定还约定通
过"解决投资争议国际中心"来解决这类争议，这就为投资争议的妥
善解决提供了有力保障。

（二）中国与中亚国家双边投资保护协定

1. 中哈双边投资保护协定

哈萨克斯坦是中亚五国中经济最发达、综合国力最强、市场潜力最
大的国家，中哈两国互为全面战略伙伴，经济合作基础扎实，是中国共
建丝绸之路经济带和开展国际产能合作的重点国家，也是中国在中亚五
国中最大的投资目的国。

1992 年 8 月 10 日，中哈两国签署《中哈两国政府关于鼓励和相互
保护投资协定》。2011 年 3 月，中方向中哈经贸分委会提交了新版中哈
双边投资保护协定。2014 年，双方政府曾互派代表团就新版投资保护
协定的未来本文进行磋商。2016 年 8 月，中哈两国政府签署了《关于
推进"丝绸之路经济带"建设与"光明之路"新经济政策对接合作规
划》，商务部落实各项战略对接工作，具体包括商签新版双边投资保护
协定。2018 年 11 月 15 日，中哈双方专家组完成了中哈投资保护协定第
六轮谈判。此外，2015 年 12 月 14 日，中哈两国政府间还签署了《关

于在产能与投资合作框架内便利双方人员办理商务签证的协定》。

2. 中乌双边投资保护协定

乌兹别克斯坦是中亚五国中人口最多、工业制造业门类最为齐全的国家，发展潜力巨大，也是中国共建丝绸之路经济带和开展国际产能合作的重点国家。1992 年 3 月 13 日，中乌签订《中乌关于鼓励和相互保护投资协定》。2004 年 6 月 16 日，中乌签订《中国政府和乌兹别克斯坦共和国政府扩大经济贸易、投资和金融合作备忘录》。2011 年 4 月 19日，中乌两国重新修订签署了新的《中乌关于促进和保护投资协定》。2016 年，中乌签订《中国商务部与乌兹别克斯坦外经贸部关于投资合作的谅解备忘录》。

3. 中吉、中土及中塔双边投资保护协定

吉尔吉斯斯坦、塔吉克斯坦和土库曼斯坦是中亚五国中人口少、经济发展比较落后的国家，总体投资环境较差，中国对三国的投资规模相对较小，但是近年增长较快。1992 年 5 月 14 日，中吉两国签署了《中吉两国政府鼓励和相互保护投资协定》。1992 年 11 月 21 日，中土签署《中土两国关于鼓励和相互保护投资协定》。1993 年 3 月 9 日，中塔签署《中塔关于鼓励和相互保护投资协定》。如表 3 - 2 所示。

表 3 - 2　　　　中国与中亚五国签订双边投资保护协定情况

序号	国家	签订日期	生效日期	备注
1	哈萨克斯坦	1992 年 8 月 10 日	1994 年 8 月 13 日	签署 12 个月后生效 正在商签新版
2	乌兹别克斯坦	1992 年 3 月 13 日	1994 年 4 月 12 日	签署 24 个月后生效
		2011 年 4 月 19 日	2011 年 9 月 1 日	重新签署 4 个月生效 新协定取代旧协定
3	吉尔吉斯斯坦	1992 年 5 月 14 日	1995 年 9 月 8 日	签署近 40 个月后生效
4	土库曼斯坦	1992 年 11 月 21 日	1994 年 6 月 6 日	签署近 19 个月后生效
5	塔吉克斯坦	1993 年 3 月 9 日	1994 年 1 月 20 日	签署 10 个月后生效

资料来源：中国商务部网站条约条法司（http：//www. mofcom. gov. cn）。

二、中国与中亚国家避免双重征税协定

（一）避免双重征税协定的含义及其基本内容

避免双重征税协定（The Avoidance Of Double Taxation Agreement）是国家间为了避免和消除对同一纳税人、在同一所得的基础上重复征税，根据平等互惠原则而签订的双边税收协定或条约。各国征收所得税，都不同程度地基于所得来源地原则和纳税人居住地原则行使税收管辖权。如果纳税人居住地国与其取得所得的来源地国之间没有作出双方都能接受的协调安排，往往造成征税重叠，不仅会加重纳税人的负担，也不利于国际间的经济、技术和人才交流。因此，第二次世界大战后，随着国际资金流动、劳务交流和贸易往来的发展，在国与国之间签订避免双重税收协定，已日益受到国际上的重视。

避免双重征税协定一般包括协定的效力和适用范围、税收管辖权、避免双重征税的方式、实行纳税无差别待遇、防止逃税条款、双方对有关事项的协商程序、税收情报的交换以及协定的生效和终止等有关事项。其核心内容包括以下几点。

1. 避免双重税收协定的效力和适用范围

适用范围包括人和税种两个方面。在人的范围方面，通常只限于缔约国一方的居民或同时为缔约国双方的居民。在没有特别规定的情况下，不适用于其他人。在税种范围方面，一般都限于以所得为征税对象的税种，不涉及以交易或财产等为征税对象的税种。

2. 税收管辖权

税收管辖权也是税收协定的主要内容，大体上涉及3种所得税。一是企业所得税。按照国际税收惯例，一般依循两条基本原则：第一，设有常设机构的才能征税；第二，只能对归属常设机构的利润进行征税。

二是个人所得税，双方着重商定劳务所得，在坚持来源地征税原则的前提下，能够允许哪些可以作例外处理。三是对投资所得征收预提所得税，主要是商谈采取限制税率，双方分享收入。在协定中，一般都明确可以由双方征税，但所得来源地国家有优先的征税权，并相应地确定限制预提所得税的税率。

3. 避免双重征税的方式

避免双重征税的方式主要有两种：一种是抵免方式，即对在来源地国家缴纳的税额，可以在本国汇总计算的应纳税额中减除。目前大多数国家采用抵免方式，中国税法上也规定采用这一方式。另一种是免税方式，即对来源于对方国家的所得不再征税。目前只有少数国家采用。

4. 纳税无差别待遇

避免税收歧视，是国际税收关系中的一项重要原则，也是谈判税收协定需要重点明确的问题之一。通常在税收协定中列入无差别待遇条款，以保证缔约国一方的纳税人在另一国所负担的纳税义务不比另一国的纳税人在相同的情况下所受待遇不同或负担更重。

5. 防止逃税条款

因为各国经济的相互关系日益密切，跨国公司日益增多，加之各国税收制度和负担水平存在着差异，利用法律漏洞逃漏税收的方法也日益诡秘，由此而在发达国家与发展中国家都造成相当大的损失。各国税务行政当局难以防止发生在其领土管辖之外的各种逃税、漏税，因此，防止国际逃税、漏税的国际税务合作日益受到重视，越来越多的税收协定列入这一条款，使之逐步向条约化的方向发展。

（二）中国与中亚国家避免双重征税协定

国家间签订双边避免双重征税协定是保护投资者利益的国际通行做法。1996 年 7 月 3 日，中乌签署《中乌避免双重征税协定》，乌兹别克斯坦是中亚五国中最早与中国签署双边避免双重征税协定的国家。2001 年 9

月12日，中哈签署《中哈关于对所得避免双重征税和防止偷漏税的协定》。2002年6月24日，中吉签署《中吉避免双重征税协定》。2008年8月27日，中塔签署《中塔两国政府对所得和财产避免双重征税和防止偷漏税的协定》。2009年12月13日，中土签署《中土两国关于对所得避免双重征税和防止偷漏税的协定》。中国虽然与中亚各国都签订了避免双重征税协定，但实践中经常发生政策及其执行与协定的冲突和矛盾，政府应加强协调，着力落实协定对中国企业的保护（见表3－3）。

表3－3　　　　中国与中亚五国签订避免双重征税协定情况

序号	国家	签订日期	生效日期	备注
1	乌兹别克斯坦	1996年7月3日	1996年7月3日	签署当日生效
2	哈萨克斯坦	2001年9月12日	2003年7月27日	签署22个月后生效
3	吉尔吉斯斯坦	2002年6月24日	2003年3月29日	签署9个月后生效
4	塔吉克斯坦	2008年8月27日	2009年3月28日	签署7个月后生效
5	土库曼斯坦	2009年12月13日	2010年5月30日	签署5个多月后生效

资料来源：中国商务部网站条约条法司（http：//www.mofcom.gov.cn）。

三、中国与中亚国家交通运输协定

自中亚国家独立以来，中国与中亚国家经贸关系快速发展，先后签署了综合性的多双边交通运输协定和双边的公路、铁路、航空、管道等运输协定，为中国企业面向中亚国家"走出去"提供了投资便利化条件，也为丝绸之路经济带倡议提出之后中国与中亚国家在能源合作、设施互联互通、经贸与产能合作等领域合作的不断加深和务实合作奠定了良好的法律基础。

（一）交通运输协定

在双边运输协定方面，除了哈萨克斯坦之外，2001年8月24日，中塔两国签署《中塔两国运输协定实施细则和行车许可证制度协议》。

2014 年 5 月 12 日，中土两国签署《中土关于交通运输领域合作基本原则谅解备忘录》，这是双方在交通运输领域签署的首个合作文件。2017 年 5 月 12 日，中乌两国签署《中乌两国政府国际道路运输协定》，该协定是中国与非接壤国家签署的第一个双边国际道路运输协定。协定生效实施后，中乌两国运输车辆不仅可以到达对方境内，还可以通过对方领土至其他国家，对于拓展中国与非接壤国家在国际道路运输领域的合作具有重要示范作用。[①] 同时，对于推动"一带一路"互联互通和中国—中亚—西亚国际经济走廊建设具有重要意义。

在双边运输协定方面，2014 年 9 月 12 日，正式签署《上海合作组织成员国政府间国际道路运输便利化协定》。2019 年 6 月，中国与欧亚经济联盟签署《欧亚经济联盟与中国国际运输货物和交通工具信息交换协定》，该协定信息交换通过欧亚经济联盟综合信息系统和中国授权机构的信息系统，以电子形式进行。信息交换将在货物以公路、铁路、航空、水路等方式，通过相应国际运输交通工具出口后 4 小时之内完成。

（二）公路运输协定

中国与中亚的哈萨克斯坦、吉尔吉斯斯坦和塔吉克斯坦三国陆路接壤，其中，中国与哈萨克斯坦边境线长 1700 多千米，有 7 个对外开放口岸，两国贸易历史悠久。目前，除了阿拉山口和霍尔果斯口岸并通了铁路运输外，其他口岸全部是公路运输。霍尔果斯口岸虽然在 2012 年开通了铁路运输，但霍尔果斯口岸作为中国西部历史上最长、综合运量最大、自然环境最好、功能最为齐全的国家级一类陆路公路口岸，公路运输仍然占据较大比重，而且其口岸旅客运输量遥居新疆各口岸第一。中国与吉尔吉斯斯坦边境线长 1096 千米，有吐尔尕特和伊尔克什坦 2 个对外开放口岸。中国与塔吉克斯坦边境线长 497 千米，只有喀拉苏一个开放口岸，受市场狭小、口岸条件差等方面因素的影响，目前中国与

---

① 中国与乌兹别克斯坦签署国际道路运输协定，中国交通新闻网，2017－05－12.

塔吉克斯坦和吉尔吉斯斯坦两国的运输只有公路运输一种形式。

受上述各国情况影响，在双边公路运输协定方面，中国早在 1992 年 9 月 26 日就与哈萨克斯坦签署了《中哈两国汽车运输协定》，之后，又签署了《中哈汽车货物跨境运输协议》。1994 年 4 月 11 日，中国与吉尔吉斯斯坦签署了《中吉两国政府汽车运输协定》。1998 年 2 月 18 日，中吉乌三国签署了《中乌吉三国政府间汽车运输协定》，随后，在 1998 年 9 月 27 日，中吉乌三国又签署了《中乌吉三国汽车运输协定的实施细则和行车许可制度协议》。1998 年 11 月 24 日，中哈吉巴四国交通部签署了《中哈吉巴关于建立国际公路过境运输行车许可证制度的协议》。中国与塔吉克斯坦于 1999 年 8 月 14 日签署了《中塔政府汽车运输协定》，两年之后的 2001 年 8 月 24 日，中塔签署了《中塔两国运输协定实施细则和行车许可证制度协议》。2017 年 5 月，中乌两国签署了《中乌两国国际公路运输协议》。

综上可见，在双边公路运输协定方面，中国不仅先后与接壤的哈萨克斯坦、吉尔吉斯斯坦和塔吉克斯坦三国都签署了双边的公路运输协议，还签署了《中乌吉三国政府间汽车运输协定》，尤其是 2017 年 5 月，中国与不接壤的乌兹别克斯坦也签署了《中乌两国国际公路运输协议》。但在跨境交通运输实践中，还暴露出一些政策性的问题，如车辆许可证问题和技术标准问题、法律制度的协调等问题需要协调补充和完善。

（三）铁路运输协定

中国与哈萨克斯坦贸易历史悠久，是中国在中亚最大的贸易伙伴，也是中国最大的投资目的国。目前在中亚五国中，只有中国与哈萨克斯坦开通了铁路运输，其中的阿拉山口口岸作为亚欧大陆桥和向西开放的桥头堡，率先在 1992 年开通铁路运输，承担了所有中国内地和新疆本地经新疆口岸进入中亚、俄罗斯和欧洲国家的货物运输，多年位居全国过货量最大的铁路口岸。2012 年，霍尔果斯铁路口岸开通后，阿拉山口口岸过货量受到很大影响。随着中哈两国,以及对欧洲国家货运量的快速增长,中哈两国相继签署了一系列相关的铁路运输协定,为中国与哈萨克斯坦,以及欧洲国家贸易与投资合作的快速发展提供了法律保障。1992 年 8 月 10 日,中哈签署了《中华人民共和国铁道部和哈萨克斯坦交通部过境铁路协定》;1994 年 4 月 28 日,中哈签署了《中哈两国发展铁路客货运输会谈纪要》;1995 年 9 月 11 日,中哈签署了《关于利用连云港装卸和运输哈过境货物的协定》;2004 年 5 月 19 日,中哈签署了《中华人民共和国铁道部和哈萨克斯坦共和国运输通信部铁路运输合作协定》;2006 年 12 月 20 日,中哈签署了《中华人民共和国铁道部和哈萨克斯坦共和国运输通信部关于拟经霍尔果斯(中国)—霍尔加斯(哈萨克斯坦)连通两国铁路的备忘录》;2019 年 4 月 24 日,中哈签署了中哈铁路领导会晤纪要和《中哈国际铁路联运货物运输电子数据交换协议》。

另外,1992 年 3 月 14 日,中国与不接壤的乌兹别克斯坦打破常规,签订《中乌铁路运输合作议定书》;1996 年 7 月 3 日,中乌两国正式签署了《中乌铁路运输合作协定》。

此外,作为"一带一路"倡议的一项重要务实合作举措,中欧班列自 2011 年开行以来,已初步探索形成多国协作的国际班列运行机制。2017 年 4 月 20 日,中国、白俄罗斯、德国、哈萨克斯坦、蒙古国、波兰、俄罗斯七国铁路部门正式签署了《关于深化中欧班列合作协议》,这是中国铁路第一次与"一带一路"沿线主要国家铁路签署有关中欧班列开行方面的合作协议。截至 2018 年末,中欧班列已联通亚欧大陆 16 个国家的 108 个城市,累计开行 1.3 万列,运送货物超过 110 万标准箱,中国开出的班列重箱率达 94%,抵达中国的班列重箱率达 71%。[1]

综上可见,在铁路运输协定方面,哈萨克斯坦独立后的次年 1992 年,中国就与哈萨克斯坦签署了《铁路运输合作协定》。据此,国家级重点建设口岸新疆阿拉山口铁路口岸正式开通,标志着第二条亚欧大陆

---

[1] 《共建"一带一路"倡议:进展、贡献与展望》报告,中国日报,2019 – 04 – 22.

桥的全面贯通。之后，中国又先后与哈萨克斯坦签署了有关客货运输、过境运输等问题的铁路运输协定，涉及内容比较丰富。为了解决过境运输问题，1996 年，中国还与非接壤的乌兹别克斯坦签署了《中乌铁路运输合作协定》。

（四）航空运输协定

对于深居内陆的中亚国家来说，航空运输占据重要地位。由于航空运输线路不受自然和地理条件影响，涉及面小，要求条件低，中国与中亚五国都先后签署了《民用航空运输协定》，是唯一与中亚五国全部签订协议的运输方式。1993 年 10 月 18 日，中哈率先签署了《中哈两国民用航空运输协定》。1992 年 3 月 14 日，中乌签署了《中乌两国民航局会谈纪要》，并于 1994 年 4 月 20 日签署了《中乌民用航空运输协定》。中国与吉尔吉斯斯坦于 1996 年 7 月 4 日签署了《中吉民用航空运输协定》。中国与土库曼斯坦在 1992 年 11 月 23 日就签署了《中土两国民航协定备忘录》，但直到 6 年后的 1998 年 9 月 4 日，才正式签署了《中土民用航空运输协定》。中国与塔吉克斯坦虽然在 1993 年 3 月 11 日就签署了《中塔航空运输纪要》，但是，直到近 14 年后的 2007 年 1 月 15 日，中塔两国才正式签署了《中塔民用航空运输协定》，是中亚五国中最晚签署航空运输协定的国家。

（五）管道运输协定

伴随中国经济快速发展带来的对石油天然气为主的能源需求的快速增长，中国能源进口多元化战略取得显著成效，中国对能源资源丰富的中亚国家的油气资源进口规模不断扩大，但是传统的铁路，尤其是公路运输成本很高，为降低运输成本，我国与哈萨克斯坦和土库曼斯坦两国政府先后签订了管道建设有关协定。例如 2004 年 5 月 19 日，中哈签署了《中国石油天然气集团公司与哈萨克斯坦国家油气股份公司关于哈

萨克斯坦阿塔苏至中国阿拉山口原油管道建设基本原则协议》。2006 年
4 月，中国政府与土库曼斯坦国政府签订《关于实施中土天然气管道项
目和土库曼斯坦向中国出售天然气总协议》。2006 年 12 月 20 日，中哈
签署了《中国石油天然气集团公司与哈萨克斯坦国家石油天然气股份
公司关于中哈原油管道二期工程建设的基本原则协议》。2014 年 5 月，
中哈签署了《中哈管道出口原油统一管输费计算方法及各段所有者管
输费收入分配方法协议》和《在哈萨克斯坦建设大口径钢管厂项目框
架协议》。上述协定的达成为中哈原油管道和中国—中亚天然气管线的
顺利建成投产及运营，保障我国能源安全提供了基础和条件。中哈原油
管道于 2006 年投产，截至 2019 年 6 月 30 日，已累计进口原油达到 1.3
亿吨。① 中哈管道成功运作和安全运行，拓展了我国原油进口渠道，确
保了独山子等西部大型炼厂加工需求，同时也促进了哈萨克斯坦原油实
现多元化出口，保障了其东部两大炼油厂的原油供应，从长远来看，推
动了中国与"一带一路"沿线国家能源合作进一步深化。中亚天然气
管道 A/B/C 线最早于 2009 年末投产，截至 2019 年末，中亚天然气管
道累计向中国输气 2946 亿立方米。② 正在建设中的 D 线首次途经塔吉
克斯坦和吉尔吉斯斯坦两个国家，与已建成的连接土库曼斯坦、乌兹别
克斯坦、哈萨克斯坦的 A、B、C 线一道，形成中国—中亚天然气管道
网，把中亚五国都与中国紧密联系在一起。中亚天然气管道于 2009 年
12 月投产，截至 2020 年 12 月 31 日，累计输气量逾 3359 亿立方米。③

　　综上可见，管道运输协定方面，目前中国与中亚国家先后开通了中
哈原油管道和中国—中亚天然气管道，因而中国除了与哈萨克斯坦签署
了原油管道建设与销售相关协定外，还与天然气大国土库曼斯坦签署了
有关天然气管道建设与销售方面的协定。如表 3-4 所示。

---

① 2019 年中哈原油管道向国内输送原油超 1088 万吨，新华网，2020-01-09.
② 2019 年中亚天然气管道向国内输气超 479 亿立方米，新华网，2020-01-06.
③ 佚名，中亚天然气管道每日向中国输气 1.2 亿立方米，中国新闻网，2021-02-09.

表 3 - 4 　　　　　中国与中亚国家签订交通运输协定情况

类型	国家	签订时间	协定名称
公路运输协定	哈萨克斯坦	1992 年 9 月 26 日	《中哈两国汽车运输协定》
	吉尔吉斯斯坦	1994 年 4 月 11 日	《中吉两国政府汽车运输协定》
	乌兹别克斯坦 吉尔吉斯斯坦	1998 年 2 月 18 日	《中乌吉三国政府间汽车运输协定》
		1998 年 9 月 27 日	《中乌吉三国汽车运输协定的实施细则和行车许可制度协议》
	塔吉克斯坦	1999 年 8 月 14 日	《中塔政府汽车运输协定》
	乌兹别克斯坦	2017 年 5 月 12 日	《中乌两国国际公路运输协议》
铁路运输协定	哈萨克斯坦	1992 年 8 月 10 日	《中国铁道部和哈萨克斯坦交通部过境铁路协定》
		1994 年 4 月 28 日	《中哈两国发展铁路客货运输会谈纪要》
		1995 年 9 月 11 日	《关于利用连云港装卸和运输哈过境货物的协定》
		2004 年 5 月 19 日	《中国铁道部和哈萨克斯坦运输通信部铁路运输合作协定》
		2006 年 12 月 20 日	《中国铁道部和哈萨克斯坦运输通信部关于拟经霍尔果斯（中国）—霍尔加斯（哈萨克斯坦）连通两国铁路的备忘录》
	乌兹别克斯坦	1992 年 3 月 14 日	《中乌铁路运输合作议定书》
		1996 年 7 月 3 日	《中乌铁路运输合作协定》
航空运输协定	哈萨克斯坦	1993 年 10 月 18 日	《中哈两国民用航空运输协定》
	乌兹别克斯坦	1992 年 3 月 14 日	《中乌两国民航局会谈纪要》
		1994 年 4 月 20 日	《中乌民用航空运输协定》
	吉尔吉斯斯坦	1996 年 7 月 4 日	《中吉民用航空运输协定》
	土库曼斯坦	1992 年 11 月 23 日	《中土两国民航协定备忘录》
		1998 年 9 月 4 日	《中土民用航空运输协定》
	塔吉克斯坦	1993 年 3 月 11 日	《中塔航空运输纪要》
		2007 年 1 月 15 日	《中塔民用航空运输协定》

续表

类型	国家	签订时间	协定名称
管道运输协定	哈萨克斯坦	1997 年 9 月 27 日	《关于油田开发和管道建设项目总协议》
		2004 年 5 月 19 日	《中国石油天然气集团公司与哈萨克斯坦国家油气股份公司关于哈萨克斯坦阿塔苏至中国阿拉山口原油管道建设基本原则协议》
		2006 年 12 月 20 日	《中国石油天然气集团公司与哈萨克斯坦国家石油天然气股份公司关于中哈原油管道二期工程建设的基本原则协议》
		2014 年 5 月	《中哈管道出口原油统一管输费计算方法及各段所有者管输费收入分配方法协议》
		2014 年 5 月	《在哈萨克斯坦建设大口径钢管厂项目框架协议》
	土库曼斯坦	2006 年 4 月 3 日	《中土两国政府关于实施中土天然气管道项目和土库曼向中国出售天然气总协议》
		2007 年 6 月	《中土两国政府关于加速中土天然气管道项目建设的协议》

资料来源：中国商务部网站整理（http：//www.mofcom.gov.cn）。

四、中国与中亚国家能源协定

以油气为主的能源领域一直是中国对中亚国家直接投资的重点，在中国对中亚国家直接投资中占绝对比重。而能源领域的投资涉及面广，又比较复杂，因此，双边政府间签订有关协议对投资活动的顺利开展至关重要，是投资便利化的主要内容，为中国与中亚国家能源领域投资奠定了坚实的法律基础，大大优化了投资便利化的制度环境。

哈萨克斯坦作为中国对中亚国家能源投资的重中之重，签订的相关协议或协定最为丰富。1997 年 9 月 27 日，中哈两国签署了《中哈两国政府关于在石油天然气领域合作的协议》，同时还签署了《中哈两国关于油田开发和管道建设项目总协议》。2004 年 5 月 19 日，中哈又签署了《中哈两国政府关于在油气领域开展全面合作的框架协议》。2005 年 7 月 4 日,中哈签署《中哈关于地质和矿产利用领域合作协议》。2013 年,丝绸之路经济带倡议提出后,中哈两国签署了一系列能源领域务实合作协议。

中国与土库曼斯坦于 1994 年 4 月 22 日签署了《中国石油天然气总公司与土库曼斯坦石油天然气部开展合作的意向书》。2000 年 7 月 7 日,中土签署了《中国石油天然气集团公司与土库曼斯坦石油部在石油天然气领域合作的谅解备忘录》。2006 年 4 月,中国政府与土库曼斯坦国政府签订了《关于实施中土天然气管道项目和土库曼斯坦向中国出售天然气总协议》。

中亚五国中的塔吉克斯坦和吉尔吉斯斯坦虽然能源资源相对有限,但由于经济落后,能源资源也是两国国民经济的重要支柱,两国分别于 2002 年 5 月 19 日和 2002 年 6 月 25 日与中国签署了《中塔政府关于能源领域合作协定》和《中吉能源领域合作协定》。

中国与乌兹别克斯坦两国能源领域的投资合作相对较晚,但很有特色。两国除了在 2004 年 6 月签署了《中国石油天然气集团与乌国家石油天然气集团在石油天然气领域开展互惠合作的协议》外,2007 年 11 月,中广核集团与乌地质和矿产资源委员会签订了《中国广东核电铀业发展有限公司与乌兹别克斯坦国家地质和矿产资源委员会开展铀矿合作商务合作合同》。如表 3 - 5 所示。

表 3 - 5　　　　中国与中亚国家签订能源等部分相关协定情况

国家	签订时间	协定及内容	领域
哈萨克斯坦	1997 年 9 月 27 日	《中哈两国政府关于在石油天然气领域合作的协议》	油气
	1997 年 9 月 27 日	《关于油田开发和管道建设项目总协议》	油田开发和管道建设
	2004 年 5 月 19 日	《中哈两国政府关于在油气领域开展全面合作的框架协议》	油气
	2005 年 7 月 4 日	《中哈关于地质和矿产利用领域合作协议》	地质和矿产
	2009 年 12 月 12 日	《中哈可再生能源合作协议》	可再生能源
	2018 年 6 月 11 日	《中哈油气领域合作协议》	油气

续表

国家	签订时间	协定及内容	领域
土库曼斯坦	1994 年 4 月 22 日	《中国石油天然气总公司与土库曼斯坦石油天然气部开展合作的意向书》	油气
	2000 年 7 月 7 日	《中国石油天然气集团公司与土库曼斯坦石油部在石油天然气领域合作的谅解备忘录》	油气
	2006 年 4 月	《中土两国政府关于实施中土天然气管道项目和土库曼斯坦向中国出售天然气总协议》	天然气和管道
塔吉克斯坦	2002 年 5 月 19 日	《中塔政府关于能源领域合作协定》	能源
吉尔吉斯斯坦	2002 年 6 月 25 日	《中吉能源领域合作协定》	能源
乌兹别克斯坦	2004 年 6 月	《中国石油天然气集团与乌国家石油天然气集团在石油天然气领域开展互惠合作的协议》等	油气
	2007 年 11 月 3 日	《中国广东核电铀业发展有限公司与乌国家地质和矿产资源委员会开展铀矿合作商务合作合同》	铀矿

资料来源：中国商务部网站整理（http：//www.mofcom.gov.cn）。

五、中国与中亚国家双边投资便利化的法律基础评价

（一）双边投资保护协定评价

从中国与中亚五国签署双边投资保护协定的情况看，都是在中亚五国独立初期，中亚五国经济陷入全面衰退的艰难时期签署的。签署的时间都集中在 1992 年，塔吉克斯坦于 1993 年签署，是最晚的，生效时间大多都在签署后 12 个月左右，但是，乌兹别克斯坦是在签署后 24 个月才生效，更有甚者，吉尔吉斯斯坦是在签署后 40 个月才生效。中国与中亚五国双边投资保护协定的内容都大同小异，遵循国际上最基本的双

边投资保护协定的基本内容及其法律原则。中国与乌兹别克斯坦第一个签署双边投资保护协定，也是在第一个协定签署 9 年后重新签署了新的《中乌关于促进和保护投资协定》。中国虽然于 2011 年就向哈萨克斯坦提出启动新版双边投资保护协定谈判，但是至今完成六轮谈判，还没有最终成果，谈判进展缓慢。而中国与其他中亚三国还没有提及重新谈判双边投资保护协定问题。可见，中国与中亚国家的新版投资保护协定复杂而艰难，任重而道远。

（二）避免双重征税协定评价

从中国与中亚五国签署双边避免双重征税协定的时间来看，除了中乌避免双重征税协定签订于中亚经济刚刚开始复苏的 1996 年外，其他都是在中亚五国经济经历了急剧下滑的全面衰退和止跌回升之后，进入持续稳定快速发展的时期签署的。其中，中国与哈萨克斯坦和吉尔吉斯斯坦避免双重征税协定分别于 2001 年和 2002 年签署，而中国与塔吉克斯坦和土库曼斯坦则分别在七年之后的 2008 年和 2009 年才签署避免双重征税协定。中国与中亚五国双边避免双重征税协定的内容都大同小异，遵循国际上最基本的双边投资保护协定的基本内容及其法律规范及原则。

由于避免双重征税协定的内容相对比较固定，与一国经济发展阶段和经济周期变化关系不大，目前还没有涉及重新谈判和签署避免双重征税协定的问题。

（三）交通运输协定评价

从签订运输协定涉及的国家来看，中国与哈萨克斯坦签订的运输协定包括了公路、铁路、航空和管道全部四种运输方式，是中亚五国中唯一最全面的。这是由哈萨克斯坦与中国的边境线长度最长、开放口岸最多，且口岸自然条件最好、经贸关系历史最悠久、经贸合作基础最好，以及贸易和投资市场潜力最大等多种因素的结果。乌兹别克斯坦虽然与中国不接壤，但是除了与中国签署了航空运输协定外，还与中国签署了《中乌两国铁路运输合作协定》《中乌两国国际公路运输协议》以及《中乌吉三国政府间汽车运输协定》。应该说，中国与乌兹别克两国在交通运输方面的制度性建设与合作具有开拓性和创新性，也是最富有成效的。土库曼斯坦仅与中国签署了航空运输和管道运输两种协定，这主要是由于土库曼斯坦与中国非接壤以及其丰富的天然气资源所决定的。与中国接壤的吉尔吉斯斯坦和塔吉克斯坦常规性地与中国签订有公路（汽车）运输协定和航空运输协定。

从上述签订运输协定的时间来看，中国与哈萨克斯坦在全部四种运输方式的协定都是最早签署的，分别在 1992 年、1993 年和 1997 年签署；其次是吉尔吉斯斯坦和乌兹别克斯坦，分别在 1994 年和 1996 年签署；再次是土库曼斯坦，签署于 1998 年和 2006 年；最迟的是塔吉克斯坦，分别于 1999 年和 2007 年与中国签署双边汽车和航空运输协定。

从交通运输协定的内容来看，中国与中亚各国签订的各种运输协定内容差别不大，主要遵循国际上最基本的交通运输协定的基本内容及其法律规范及原则。但是由于很多历史遗留问题，在交通运输方面，还存在很多政策性的问题，例如，车辆许可证问题和技术标准问题、法律制度的协调等问题有待进一步协调解决。

（四）能源等其他协定评价

从能源合作协议的数量和规模来看，从 20 世纪 90 年代中期以来到 21 世纪初，中国与中亚五国全部签订了能源方面的合作协定，其中，与哈萨克斯坦签订的能源合作协议最多，合作规模也最大。

从协定自身的特点来看，中国与哈萨克斯坦、土库曼斯坦、乌兹别克斯坦三国签订的能源合作协定主要以专项协议为主，与塔吉克斯坦和吉尔吉斯斯坦签署的协定主要是综合性能源协定。

　　从能源合作领域来看，与哈萨克斯坦签订的能源合作协定涉及领域最广泛，主要涉及油气、地质和矿产、可再生能源以及管道建设；与土库曼斯坦签署的能源协定主要涉及油气和管道建设；与乌兹别克斯坦签署的能源协定除了常规的油气领域外，还涉及稀有而独特的铀矿合作。

第四章

中国对中亚国家直接投资现状比较分析

第一节　中国对中亚国家直接投资纵向比较分析

一、中国对中亚国家直接投资流量分析

（一）中国对中亚五国直接投资流量及增速总体分析

根据《中国对外直接投资统计公报》，2006—2018 年，中国对中亚五国直接投资流量总体来说在剧烈波动中保持上升态势。由图 4－1 可以看出，中国对中亚五国直接投资在 2012 年、2015 年、2017 年变化相对来说较大，而之前相对平稳，因此，中国对中亚五国直接投资流量总体可以划分为两个阶段进行分析。

第一阶段：2006—2011 年，低水平小幅波动徘徊不前。这期间，中国对中亚五国直接投资流量一直处于低水平小幅波动徘徊，流量规模一直在 5 亿美元左右徘徊。虽然一直在波动，但波动幅度不大，总体保持相对平稳，但规模很小。

第二阶段：2012—2018 年，剧烈波动中走高。中国对中亚五国直接投资流量在剧烈波动中总体走高。2012 年，中国对中亚五国整体投资流量陡增至 33.77 亿美元，增速达到 643.88%。其主要原因是中国为缓解团队金融危机对中国对外投资的冲击，提出"四万亿投资一揽子计划"，在该年度大幅增加对哈萨克斯坦的投资，带动中亚五国直接投资流量的大幅上升。但随后连续 3 年大幅下滑，由 2012 年的 33.77 亿美元下降至 2015 年的 －23.26 亿美元，创造中国对哈萨克斯坦直接投资流量负值的历史极值。同时，2015 年增速也达到历史最低值 －522.95%。出现这种状况的原因主要有两个方面：主要原因是国际大

宗商品价格下跌，尤其石油价格断崖式下降，导致以能源产业为主的中国对中亚五国直接投资规模大幅收缩；次要原因是全球经济衰退，美联储退出量化宽松政策预期对国际金融市场造成冲击等因素影响，中国对中亚五国直接投资流量逐年递减（韩璐，2017）。

2016 年和 2017 年，随着能源价格回升，经济好转，加之中亚国家对"一带一路"倡议逐步由疑虑走向积极参与，丝绸之路经济带与哈萨克斯坦"光明之路"实现对接，以哈萨克斯坦为代表的中亚国家利用丝路基金和亚投行融资渠道，中国加大对哈萨克斯坦直接投资力度，带动中国对中亚五国直接投资流量由负转正，逐渐回暖，并于 2017 年达到历史第二高水平的 22.6 亿美元，增速也达到历史第二高水平的 110.45%。但 2018 年，中国对中亚五国直接投资流量再次大幅下降至 6.67 亿美元，较 2017 年减少 15.9 亿美元。其主要原因是部分在建的中国和中亚五国合作项目逐渐完工，而新的项目还未落实，导致中国对中亚五国直接投资再次出现大幅下降（见图 4 - 1）。

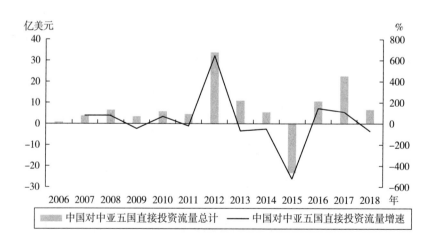

图 4 - 1 2006—2018 年中国对中亚五国直接投资流量及增速

（数据来源：2006—2018 年度中国对外直接投资统计公报，中国商务部）

（二）中国对中亚各国直接投资流量国别分析

1. 中国对中亚各国直接投资流量规模国别分析

哈萨克斯坦是中国对中亚五国直接投资的主要流入国，但是直接投资流量波动性较大。除 2015 年外，中国对哈萨克斯坦直接投资基本处于波动上升态势，并在 2012 年达到峰值 29.95 亿美元，在该年占中国对中亚五国直接投资总体流量的 88.71%。2017 年，伴随着"一带一路"倡议的推进，中国对哈萨克斯坦直接投资流量出现历史第二高水平，为 20.7 亿美元。可见，中国对哈萨克斯坦直接投资在中亚各国中的主导地位，决定了中国对哈萨克斯坦直接投资流量趋势与中国对中亚五国直接投资流量总体趋势相一致。

塔吉克斯坦政局稳定，与中国经贸合作日益增多，吸引外资政策相对其他中亚国家来说比较开放，因此，在近些年逐渐成为中国对中亚国家直接投资的热点地区。2018 年，中国对塔吉克斯坦直接投资流量为 3.88 亿美元，较 2017 年增长了 308.63%。在中国对哈萨克斯坦、吉尔吉斯斯坦、土库曼斯坦直接投资流量均出现大幅下滑的状况下，中国对塔吉克斯坦投资呈现出良好的发展态势。

中国对吉尔吉斯斯坦与乌兹别克斯坦直接投资流量波动较小，基本保持在 1 亿美元，在中国对中亚五国整体直接投资流量中占比较小。

土库曼斯坦虽然投资政策相对宽松，但其政局较为封闭，国内贪污腐败现象严重，因此，中国对其直接投资流量在中亚五国中最低，基本处于净流出状态。

2. 中国对中亚各国直接投资流量国别占比分析

从中国对中亚各国直接投资规模国别分析可以看出，中国对中亚各国直接投资的规模大小及变动趋势，而要进一步看出中国对中亚各国直接流量的集中度与重要性，则需要进一步分析中国对中亚各国直接投资国别占比差距（见图 4-2）。

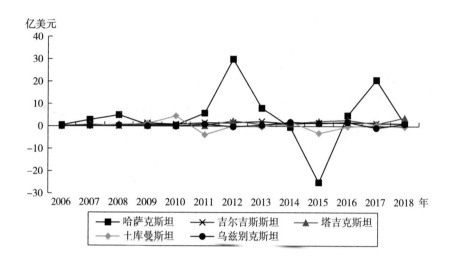

图 4 - 2   2006—2018 年中国对中亚各国直接投资流量

（数据来源：2006—2018 年中国对外直接投资统计公报，中国商务部网站）

从 2006—2018 年中国对中亚各国直接投资年均占比来看，中国对中亚五国直接流量主要集中在哈萨克斯坦，其直接投资流量年均占比达到 59.84%。哈萨克斯坦独立时间较早，改革稳步推进，有关吸引外资的相关政策较为完善，国内营商环境在中亚五国中处于优势地位，因此，哈萨克斯坦是中国企业走向中亚五国的首选国家，吸引了众多中国企业直接投资。

吉尔吉斯斯坦和塔吉克斯坦政局稳定、能源丰富，逐渐成为新兴的热点投资国家，其直接投资流量年均占比分别达到 15.11% 和 11.87%，分别居于中亚五国的第 2 位和第 3 位。

中国对乌兹别克斯坦与土库曼斯坦直接投资常年保持在低位运行，主要原因在于两国国内营商环境较差。两国直接投资流量年均占比分别为 6.89% 和 6.30%，分别居于中亚五国的第 4 位和第 5 位，均未超过 10%，在中国对中亚五国直接投资流量中占比较低（见图 4 - 3）。

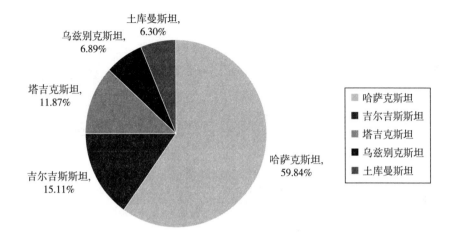

图4-3　2006—2018年中国对中亚各国直接投资流量年均占比

（数据来源：2006—2018年中国对外直接投资统计公报，中国商务部网站）

二、中国对中亚国家直接投资存量分析

（一）中国对中亚五国直接投资存量及增速总体分析

中国对中亚五国直接投资存量除2015年出现较大幅度下降外，其余年份均保持高速增长，年均增长率保持在39.17%。2018年，中国对中亚五国直接投资存量为146.81亿美元，是2006年的32.87倍（见图4-4）。

就其增速来看，2008年，中国对中亚五国直接投资存量出现最大增幅为120.71%，其主要原因是中国加大对哈萨克斯坦投资，推动中国对中亚五国直接投资存量提升。2012年，中国对中亚五国直接投资存量出现第二大增幅，为93.98%，其主要原因还是2012年中国加大了对哈萨克斯坦的直接投资。2015年，中国对中亚五国直接投资存量增速首次由正转负，出现最低增速，为-19.85%，主要原因在于石油价格下跌与国际大宗商品价格下跌，对中国对中亚五国直接投资规模产生较大的负面冲击。

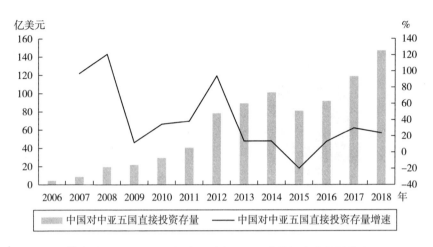

图 4 - 4 2006—2018 年中国对中亚五国直接投资存量及增速

（数据来源：2006—2018 年中国对外直接投资统计公报，中国商务部网站）

（二）中国对中亚五国直接投资存量国别分析

从中国对中亚五国直接投资存量国别分布来看，受到各国政策环境、资源禀赋、与中国合作关系等因素的影响，各国在总投资存量中规模差距明显（段秀芳，2010）。

哈萨克斯坦在中亚五国中政局最为稳定，投资政策完善，与中国经贸合作和投资合作关系日益密切，并于 2011 年提升至全面战略合作伙伴关系。2014 年提出"光明之路"计划，致力于推动交通、工业等领域的基础设施建设，对投资的吸引力进一步加大。因此，中国对哈萨克斯坦投资存量长期处于高位状态，2006—2018 年在中国对中亚五国整体投资存量中占比长期保持在 50% 以上。

乌兹别克斯坦国内政局稳定，对吸引外资行业限制较小，并且 2016 年与中国达成全面战略合作伙伴关系。因此，近些年来中国企业较为青睐乌兹别克斯坦投资市场，加大了对乌兹别克斯坦的投资力度。截至 2018 年末，中国对乌兹别克斯坦直接投资存量达到 36.9 亿美元，占当年中国对中亚五国直接投资总存量的 25.13%。

中国对吉尔吉斯斯坦和塔吉克斯坦直接投资存量变化较小。以2018年为例，中国对吉尔吉斯斯坦投资存量为13.93亿美元，在中国对中亚五国投资总存量中占比为9.49%；中国对塔吉克斯坦直接投资存量为19.45亿美元，在中国对中亚五国投资总存量中占比为13.25%。

土库曼斯坦因其国内政治环境的影响，政局较为封闭，国内贪污腐败现象严重，导致中国对其投资常年保持在低位状态。2018年，中国对土库曼斯坦直接投资存量为3.12亿美元，在中国对中亚五国直接投资总存量中占比仅为2.12%。

总体来看，哈萨克斯坦占据中国对中亚五国直接投资存量的绝大部分，因此，中国对哈萨克斯坦直接投资存量的变动趋势与中国对中亚五国整体直接投资存量的变动趋势相一致，都在2015年受国际形势影响而大幅下滑。

中国对吉尔吉斯斯坦、塔吉克斯坦与乌兹别克斯坦三国直接投资存量变动趋势一致，基本都是稳中有升的状态。其中，2018年乌兹别克斯坦直接投资存量大幅上升，由2017年的9.46亿美元上升至2018年的36.90亿美元。其主要原因是因为2017年乌兹别克斯坦在企业等级、企业贷款等方面不断推出新政策，极大地改善了营业环境（见图4-5）。

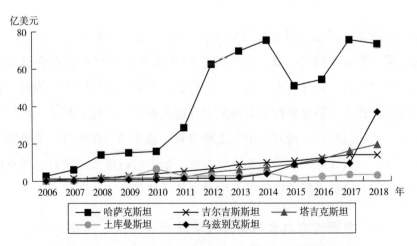

图4-5 2006—2018年中国对中亚各国直接投资存量规模

（数据来源：2006—2018年中国对外直接投资统计公报，中国商务部网站）

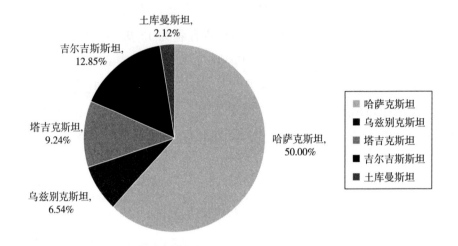

图 4 – 6　截至 2018 年末中国对中亚各国直接投资存量占比

（数据来源：2006—2018 年度中国对外直接投资统计公报，中国商务部网站）

三、中国对中亚国家直接投资行业分布分析

（一）中国对哈萨克斯坦直接投资行业分布

中国对哈萨克斯坦直接投资所涉及的行业是中亚五国中最为广泛的，第一产业、第二产业、第三产业均有涉及，其中包括农业设备合作、电力开发、油气开发与加工、矿产资源开发、通信技术、银行、保险等各行各业，但主要投资方向集中在能源开发、基建、制造、批发零售、信息通信行业。同时，中哈之间也有一些大型合作项目，主要集中在石油、天然气、采矿等能源开发方面，如中哈石油管道项目、阿克纠宾项目、卡拉赞巴斯油田项目、中哈铀开采项目。

（二）中国对吉尔吉斯斯坦投资行业分布

中国对吉尔吉斯斯坦投资合作开始时间较早，涉及行业相对来说比

较广泛，截至 2018 年末，仍然在吉尔吉斯斯坦运营的中资企业有 577
家。① 对比中亚五国其他国家，吉尔吉斯斯坦以山地为主，水力资源丰
富，适合发展畜牧业。但是吉尔吉斯斯坦制造业水平较低，畜牧业所需
要的机械设备数量不足，老化严重，生产效率低下，极大地阻碍了畜牧
业的发展（刘坤和张金玉，2018）。而中国作为传统的农业大国，在畜
牧业发展、农业机械设备生产方面具有优势。因此，中国对吉尔吉斯斯
坦的直接投资，除采矿、制造、批发零售、信息通信等热点投资行业
外，农业投资也是中国对吉尔吉斯斯坦投资的重要组成部分。

（三）中国对塔吉克斯坦投资行业分布

自 2006 年以来，中国对塔吉克斯坦直接投资并没有突破性进展，
直接投资流量及其增速并无明显增长。目前，在塔吉克斯坦进行直接投
资的中国企业有 300 多家，② 直接投资的行业集中在能源矿产行业、建
筑业、制造业和信息通信行业。目前，中国企业在塔吉克斯坦在建的大
型合作项目以天然气、石油、基建项目为主，其中包括中石油中塔天然
气管道有限公司和中国路桥工程有限责任公司承建的中塔天然气管道 D
线项目、中铁五局（集团）有限公司承建的中亚道路连接线塔吉克斯
坦路段项目、中塔石油公司承建的 120 万吨石油冶炼厂建设项目等。

（四）中国对土库曼斯坦投资行业分布

截至 2018 年末，活跃在土库曼斯坦的中资企业有 23 家，③ 投资行
业集中在建筑业、能源开发、信息通信、批发零售等。中资企业在土库

---

① 资料来源：商务部《对外投资合作国别（地区）指南》（2018 版）http：//fec. mofcom.
gov. cn/article/gbdqzn。
② 资料来源：商务部《对外投资合作国别（地区）指南》（2018 版）http：//fec. mofcom.
gov. cn/article/gbdqzn/。
③ 资料来源：商务部《对外投资合作国别（地区）指南》（2018 版）http：//fec. mofcom.
gov. cn/article/gbdqzn/。

曼斯坦承担大量合作项目，主要集中在能源开发行业，例如，中石油承建的天然气管道项目、中石化承建的当地油井修复与开采项目。

（五）中国对乌兹别克斯坦投资行业分布

近些年来，中国对乌兹别克斯坦的直接投资不够活跃，2018年，中国对乌兹别克斯坦的直接投资流量仅为0.99亿美元。在乌兹别克斯坦投资的企业大多是在其余中亚国家投资取得一定成果后才进入乌兹别克斯坦市场进行业务扩展。因此，中国企业在乌兹别克斯坦投资行业与其余中亚国家极其相似，主要集中在能源开发、批发零售、信息通信、基础设施建设等行业。值得一提的是，乌兹别克斯坦铀矿的储量位居世界前列，2007年，中国广东核电集团与乌政府签署铀矿合作协议，与乌兹别克斯坦合作开发铀矿（杨殿中，2012）。2009年，中国广东核电集团与乌兹别克斯坦政府合作成立了中乌铀业有限公司，标志着中乌两国在铀业领域的合作更进一步。铀作为重要的战略性能源，往往是各个国家重点保护行业。中乌两国在铀业领域的深入密切合作，充分说明了中国和中亚五国直接的投资合作已经具有较高层次水平。

（六）中国对中亚五国直接投资行业总体评述

从总体上看，中国对中亚五国直接投资行业分布广泛，各行各业均有涉及，但是投资行业重点突出，主要集中在能源矿产行业、建筑业、制造业、批发零售业等（段秀芳，2009），随着中国信息通信技术不断创新和发展，信息通信行业也逐渐成为中国对中亚五国直接投资的重点行业之一。

第一，能源矿产行业依旧是中国对中亚五国直接投资的最重要的行业。中国是世界上能源依赖程度最高的国家之一，2019年，中国石油对外依存度达到70.8%，[①] 而中亚五国是世界上石油资源最为丰富的地

---

① 数据来源：《中国油气产业发展分析与展望报告蓝皮书（2019—2020）》。

区之一，开展对能源矿产行业的投资合作对我国能源行业的安全具有重要作用。

第二，中亚五国的基础设施建设较为落后，设施联通是"一带一路"五通之一，也是中国与"一带一路"沿线国家重要的合作领域，因此，建筑业一直是中国对中亚五国的重点投资行业。中铁五局、中国路桥、中国水电等大型国有企业在中亚五国的建筑业均有投资合作项目。

第三，制造业与批发零售业一直都是中国传统的具有竞争力的行业，中亚国家的制造业与批发零售业相对来说比较薄弱。通过国内强大的生产能力和低成本低价格的优势，中国制造业与批发零售业在中亚五国具有强大的竞争力。

第四，信息通信行业逐渐成为中国对中亚五国投资的热门行业。通信技术作为新兴的高技术行业，近些年来在国内发展势头迅猛，一些有实力的大型通信技术公司，如华为、中兴等逐渐走出国门，走向世界。

四、中国对中亚国家直接投资主体分析

（一）中国对哈萨克斯坦直接投资主体分析

目前，中国对哈萨克斯坦直接投资主体包括实力雄厚的大型国有企业，如中石化、中石油、中建等。同时也有一些中小企业在制造业、零售业获得一定的成功，如新康番茄制品厂、新疆西部银力棉业集团等，这些企业主要来自我国新疆地区（见表4－1）。

表4－1　　　　　中国在哈萨克斯坦投资部分代表企业

投资行业	公司名称
能源开发	中石油、中海油、中石化、中信集团公司、新疆石油局、北方工业振华石油、中国有色金属建设股份有限公司
信息通信	华为、中兴通信、中国电信

续表

投资行业	公司名称
制造业	新康番茄制品厂、新疆西部银力棉业集团、华友纸业有限责任公司、新疆三宝有限公司
零售业	新疆野马经贸有限公司、新疆阿拉山口亚欧外贸储运有限公司、上海茶叶进出口有限公司
基础设施建造	中建总公司、建工集团有限责任公司、中国水利电力对外公司

资料来源：根据商务部《对外投资合作国别（地区）指南》（2018 版）和相关中国企业资料整理。http：//fec. mofcom. gov. cn/article/gbdqzn/。

（二）中国对吉尔吉斯斯坦直接投资主体分析

中国对吉尔吉斯斯坦直接投资主体与投资行业关系密切。需要雄厚资本与较高技术的行业基本以国有大型企业及实力雄厚的大型上市公司为主。例如，在能源开发行业中，中石油、中石化是较早地对吉尔吉斯斯坦进行直接投资的大型国有企业；而西部矿业股份有限公司等大型矿业上市公司也逐渐投入能源开发行业里来。而中小型企业则比较青睐农业、基础设施建造业等部分劳动密集型产业，如在农业领域投资的新疆恒久欧亚贸易有限公司、在制造业投资的新疆天山纺织有限公司（见表4-2）。

表4-2   中国在吉尔吉斯斯坦投资部分代表企业

投资行业	公司名称
能源开发	中石油、中石化、河南灵宝黄金公司、西部矿业股份有限公司、中国神州矿业公司、亿阳集团股份有限公司
农业	华阳生物有限公司、田园公司、中粮屯河股份有限公司、新疆恒久欧亚贸易有限公司
制造业	新疆天山纺织有限公司、克兹勒基亚水泥厂、荣成威泉塑胶制品有限公司
零售业	中国成套设备进出口公司、大唐中国商品分拨中心、港越集团韶山食品有限公司
信息通信	中兴通信股份有限公司、华为技术有限公司
基础设施建造	中国水电国际工程公司、中国路桥工程有限公司、新疆恒久欧亚贸易有限公司

资料来源：根据商务部《对外投资合作国别（地区）指南》（2018 版）和相关中国企业资料整理。http：//fec. mofcom. gov. cn/article/gbdqzn/。

（三）中国对塔吉克斯坦直接投资主体分析

中国在塔吉克斯坦的投资大多是大型国有企业，仅在制造业领域有新疆协力纺织有限公司等中小企业的投资。其主要原因在于国有企业资本雄厚，抗风险能力强。塔吉克斯坦国内营商环境相对哈萨克斯坦和乌兹别克斯坦较差，影响了中国中小企业投资的信心（见表4-3）。

表4-3　　　　　中国在塔吉克斯坦投资部分代表企业

投资行业	公司名称
能源开发	紫金集团矿业西北公司、中石油中塔天然气管道有限公司、中塔石油公司
建筑业	新疆特变电工集团、中国路桥工程有限公司、中国水电建设集团国际工程有限公司、塔中矿业股份有限公司、中国重型机械有限公司
制造业	新疆协力纺织有限公司、中泰新丝路纺织产品有限公司、华新亚湾水泥有限公司
信息通信行业	中兴通信股份有限公司、华为技术有限公司
基础设施建造	中铁五局（集团）有限公司、中铁十九局

资料来源：根据商务部《对外投资合作国别（地区）指南》（2018版）和相关中国企业资料整理。http：//fec. mofcom. gov. cn/article/gbdqzn/。

（四）中国对土库曼斯坦直接投资主体分析

土库曼斯坦在中亚五国中政局最为封闭、营商环境最差、贪污腐败现象最为严重，投资风险在中亚五国中最高。因此，在土库曼斯坦进行投资的企业主要是我国大型国有企业，这些企业资金雄厚，抗风险能力强，可以在土库曼斯坦进行直接投资（见表4-4）。

表4-4　　　　　中国在土库曼斯坦投资部分代表企业

投资行业	公司名称
能源开发	中石油天然气集团公司、中石化胜利石油管理局、中石油技术技术开发公司
建筑业	中心建设有限责任公司、山西中旭国际贸易公司、中石油工程设计有限公司
零售业	中石油技术开发公司、黄山一品有机茶有限公司
信息通信	中兴通信股份有限公司、华为技术有限公司

资料来源：根据商务部《对外投资合作国别（地区）指南》（2018版）和相关中国企业资料整理。http：//fec. mofcom. gov. cn/article/gbdqzn/。

（五）中国对乌兹别克斯坦直接投资主体分析

在乌兹别克斯坦投资的中国企业基本都是在其他中亚国家投资取得一定收益之后转战乌兹别克斯坦投资市场的，因此，在乌兹别克斯坦进行投资的中国企业与其他中亚国家有极大的相似之处。在能源开发行业中有中石油、在制造业有新疆特变电工有限公司、在制造业有华新水泥等（见表4－5）。

表4－5　　　　　　　中国在乌兹别克斯坦投资部分代表企业

投资行业	公司名称
能源开发	中石油、中乌铀业有限公司
建筑业	中信建设集团有限公司、中国电建、中国路桥、中国水电、新疆特变电工有限公司
制造业	海螺水泥、华新水泥、亿阳集团、鹏盛工业园区发展有限公司
信息通信	中兴通信股份有限公司、华为技术有限公司
批发零售	中国纺织品进出口总公司代表处、中国技术进出口总公司、中国电工设备总公司、中国汽车进出口总公司代表处

资料来源：根据商务部《对外投资合作国别（地区）指南》（2018版）和相关中国企业资料整理。http：//fec. mofcom. gov. cn/article/gbdqzn/。

从各国投资区位来看，中国对中亚五国直接投资区域基本集中在各国首都、经济中心以及资源丰富地区。各国首都以及经济中心具有完善的基础设施，安全程度较高，居民消费水平相对其余城市较高，因此，在投资过程中多数企业在首都和经济中心建厂。能源合作是中国与中亚国家主要投资合作领域，因此，多数中国和中亚国家合资的能源合作企业及项目都集中在资源丰富地区。例如，中国对哈萨克斯坦投资企业建厂主要集中在阿斯塔纳和阿拉木图，部分资源开发合作项目企业集中在资源丰富的阿克纠宾、阿克套和克兹洛尔达州等地区；在乌兹别克斯坦的中国企业主要集中于首都塔什干等（李悦和杨殿中，2014）。

第二节　中国对中亚国家直接投资横向比较分析

一、与中国对世界直接投资比较

（一）中国对中亚五国直接投资在中国对外直接投资规模比较分析

从投资流量整体规模上看，中国对外直接投资流量在2006—2016年不断上升，并于2016年达到峰值，为1961.5亿美元。2016年之后，随着中国经济下行压力增大，世界投资格局变动，中国对世界直接投资流量不断下滑。2018年中国对世界直接投资流量为1430.4亿美元，较2016年下降531.1亿美元。相对于中国对外直接投资流量，中国对中亚五国直接投资流量整体偏小，波动性较大，具有一定的风险性。中国对中亚五国直接投资流量在中国外直接投资的流量的占比较小，2006—2018年占比未超过5%，整体水平较低（见表4-6）。

表4-6　　　　2006—2018年中国对世界直接投资规模　　单位：亿美元

年份	2006	2007	2008	2009	2010	2011	2012	2013	2014	2015	2016	2017	2018
中国对世界直接投资流量	222	265	559	565	688	746	878	1078	1231	1456	1961	1583	1430
中国对世界直接投资存量	906	1179	1840	2458	3172	4248	5319	6605	8826	10979	13574	18090	19822

数据来源：2006—2018年中国对外直接投资统计公报，中国商务部网站。

从投资存量的整体规模来看，中国对外整体投资存量连年上涨，从2006年的906亿美元上涨至2018年的19822亿美元，增长了21.87倍，充分说明了我国对外开放程度进一步加深，企业"走出去"步伐加快。

而中国对中亚五国直接投资存量虽然在 2015 年因为国际经济变动出现
下降，但整体上呈现上升趋势。2018 年，中国对中亚五国直接投资存
量为 146.808 亿美元，相比较于 2006 年的 4.46 亿美元增长了 142.34 亿
美元，增长了 32 倍，增长幅度较大。

从中国对中亚五国直接投资流量在中国对外直接投资流量的占比
来看，整体占比较小，2006—2018 年二者占比均未超过 5%，且波动
性较大。2018 年，中国对中亚五国直接投资流量在中国对外直接投
资流量中的占比为 0.47%，较 2006 年的 0.37% 上升了 10 个基点。
2012 年，中国对中亚五国直接投资在中国对外直接投资流量中占比
达到峰值，为 3.85%，其主要原因是中国对哈萨克斯坦投资大幅增
长，提升了中国对中亚五国直接投资的流量，使得中国对中亚五国直
接投资流量占比大幅提高。2015 年，受到石油价格下跌影响，国际
大宗商品价格下降，中国对中亚五国直接投资净流出，出现负增长，
导致中国对中亚五国投资流量在对外总投资流量中占比达到最低水
平，为 -1.60%。

从中国对中亚五国直接投资存量在中国对外直接投资存量的占比
来看，整体相较于直接投资流量占比来说较为平稳，出现稳中有升趋
势，但是占比相对较低，在 1% 上下徘徊。2006—2008 年，中国与中
亚五国直接投资合作密切，中国对中亚五国直接投资存量在中国对外
直接投资存量的占比快速上升，由 2006 年的 0.49% 提升至 2018 年的
10.6%。2009 年受到国际金融危机影响，中国对中亚五国直接投资存
量在中国对外直接投资存量的占比略有回落，并在随后影响 2010 年、
2011 年中国对中亚五国直接投资存量在中国对外直接投资存量的占比
始终保持在低位运行。2012 年，随着中国采取强有力措施缓解国际金
融危机对我国直接投资的影响，中国对中亚五国直接投资流量较快回
升，在中国对外直接投资流量占比中于 2012 年达到峰值，为 3.85%。
2012 年之后，受到世界形势变化的影响，中国对中亚五国直接投资存

量在外投资存量中的占比基本呈现逐年下降趋势，并于 2015 年达到历史最低水平的 - 1.60%。2015 年以后，"一带一路"倡议逐步发挥作用，在复杂不利的国际形势下为中国与中亚五国的投资合作带来政策和资金支持，带动中国对中亚五国直接投资存量上升，在对外投资存量中的占比也提升至 2017 年的 1.43%。2018 年，中国对中亚五国直接投资存量与中国对外直接投资存量均稳步上升，但是中国对外直接投资存量增速远远大于中国对中亚五国直接投资存量增速，因此中国对中亚五国直接投资存量在中国对外直接投资存量中占比较 2017 年出现明显下降，为 0.74%（见图 4 - 7）。

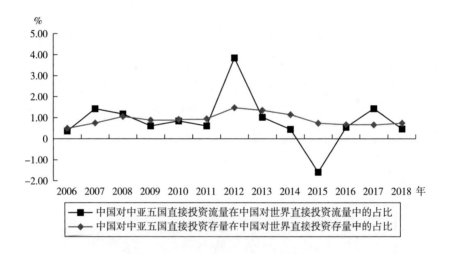

图 4 - 7　2006—2018 年中国对中亚国家直接投资流量在对世界占比

（数据来源：2006—2018 年中国对外直接投资统计公报，中国商务部网站）

（二）中国对中亚五国直接投资与中国对世界总投资增速比较

从增速对比来看，中国对中亚五国直接投资流量变动剧烈，波动程度较大。而中国对世界总投资流量增速相对来说较为平稳，变化幅度小。

图 4 - 8 显示，2012 年、2016 年、2017 年中国对中亚五国直接投资

流量增速较快，远远高于中国对世界总投资增速，而 2015 年中国对中亚五国直接投资流量增速出现大幅下跌，远远低于 2015 年中国对世界总投资流量增速。2012 年，受到中国投资政策的影响，中国对中亚五国直接投资流量增速迅速攀升，达到 643.88%，而 2012 年中国对世界总投资流量增速仅有 17.62%，中国对中亚五国直接投资流量增速是中国对世界总投资流量增速的 36.54 倍。2015 年，受到世界经济下滑的影响，中国对中亚五国直接投资增速也迅速下滑，由正转负，跌至 −522.39%，远远低于 2015 年中国对世界总投资流量的增速。2016 年、2017 年，随着"一带一路"倡议的深入推进，"丝路基金"逐渐发挥作用，中国对中亚五国直接投资流量增速迅速提高。2016 年，中国对中亚五国直接投资增速为 146.17%，是 2016 年中国对世界总投资流量的 4.21 倍。2017 年，中国对中亚五国直接投资流量增速为 110.45%，而当年中国对世界总投资流量增速仅仅为 −19.30%。较大的波动性一方面说明中国对中亚五国直接投资具有较强的爆发力和活力，另一方面也说明中国对中亚五国直接投资具有较强的风险性。

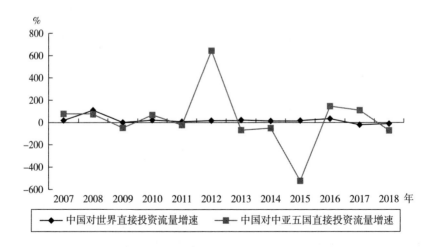

图 4 −8　2007—2018 年中国对中亚国家与对世界直接投资流量增速

（数据来源：2006—2018 年中国对外直接投资统计公报，中国商务部网站）

二、与中国对"一带一路"沿线国家直接投资比较

（一）中国对中亚五国直接投资与中国对"一带一路"沿线国家投资规模比较分析

从投资流量整体规模上来看，中国对中亚五国直接投资流量与中国对"一带一路"沿线国家投资流量总体趋势保持上升，2018 年，中国对"一带一路"国家直接投资流量为 178.93 亿美元，较 2014 年的 136.6 亿美元上升 42.33 亿美元；2018 年，中国对中亚五国直接投资流量为 6.67 亿美元，较 2014 年的 5.5 亿美元上升 1.17 亿美元。但同时也可以看到，中国对"一带一路"沿线国家投资流量与中国对中亚五国投资流量均有极强的波动性。出现这种情况主要来源于两个方面的原因：一方面，"一带一路"沿线国家大多数为发展中国家，国内经济容易受到国际经济变动的冲击；另一方面，大多数"一带一路"沿线国家的经商环境较差，因此，投资者投资力度变动较大。

从中国对中亚五国直接投资流量在中国对"一带一路"[1] 沿线国家直接投资流量中占比可以看出，除 2015 年出现下降外，其余年份均保持正值，在 5% 水平下上下波动，说明中国对中亚五国直接投资易受世界经济环境的影响，具有一定的风险性。但是整体在"一带一路"沿线国家直接投资流量中占比稍低，说明中国和中亚五国直接投资合作还有进一步提升空间。2015 年，因世界大宗商品价格下降、美国经济变动等因素的影响，中国对中亚五国直接投资流量出现负增长，带动中国对中亚五国直接投资在中国对"一带一路"沿线国家直接投资流量中占比大幅度下降。2015 年之后，中国与中亚五国借助"一带一路"合作契机，积极

---

[1] 鉴于"一带一路"倡议为 2013 年末提出，于 2014 年之后逐步体现出影响力，因此，本书在选用数据时采用 2014—2018 年中国对"一带一路"沿线国家的投资数据。

推动基础设施领域的投资合作，使中国对中亚五国直接投资在复杂不利的国际形势下仍然保持高速增长，并于 2017 年在中国对"一带一路"沿线国家直接投资流量中占比达到峰值，为 11. 27% 。2018 年，伴随着部分在建设施的逐步完工，中国对中亚五国直接流量逐步收紧，中国对中亚五国直接流量大幅下降，在中国对"一带一路"沿线国家直接投资流量中占比为 3. 37% ，较 2017 年下降 7. 9% （见图 4 – 9）。

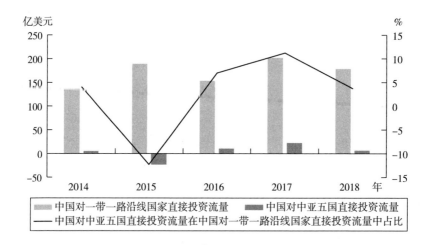

图 4 – 9　2014—2018 年中国对中亚直接投资流量在对"一带一路"沿线国家占比

（数据来源：2006—2018 年中国对外直接投资统计公报，中国商务部网站）

从投资存量整体规模来看，2014—2018 年中国对"一带一路"沿线国家与中国对中亚五国直接投资存量逐年上升，整体发展态势良好。2018 年，中国对"一带一路"沿线国家直接投资存量为 1727. 7 亿美元，较 2014 年的 924. 6 亿美元上升 803. 1 亿美元；2018 年，中国对中亚五国直接投资流量为 146. 82 亿美元，较 2014 年的 100. 94 亿美元上升了 45. 88 亿美元。其主要原因一方面是"一带一路"倡议由理论走向实践，中国与沿线国家的合作进一步加强；另一方面是"丝路基金"在投融资方面逐步发挥作用，为投资合作带来资金支持。

从中国对中亚五国直接投资存量在中国对"一带一路"沿线国家直接投资存量中占比可以看出，2015 年该占比受到世界经济环境变动的影响出现大幅下滑,下跌至6.99%。2015年之后,随着"一带一路"
倡议逐步由理论走向实践,中国与中亚五国的投资合作不断深入,中国
对中亚五国直接投资存量在中国对"一带一路"沿线国家直接投资存
量中占比也在缓慢提升,由2015年的6.99%缓慢提升至2018年的
8.5%(见图4-10)。说明"一带一路"倡议在推动双边合作、加强双
边互信方面具有极大的优势。

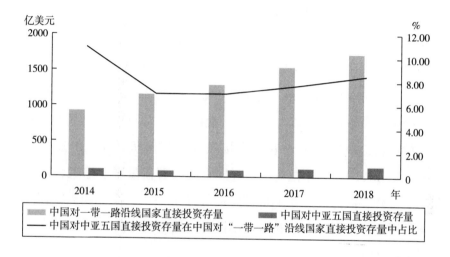

图4-10 2014—2018年中国对中亚直接投资存量在"一带一路"沿线国家占比

(数据来源:2006—2018年中国对外直接投资统计公报,中国商务部网站)

(二)中国对中亚五国直接投资与中国对"一带一路"沿线国家投资增速对比

从增速来看,中国对"一带一路"沿线国家直接投资增速虽然略有
起伏,但是相比中国对中亚五国直接投资增速来说比较稳定,受世界形
势变化影响较小,基本保持平稳发展。2014年,中国对"一带一路"沿
线国家直接投资增速为29.48%。说明2013年"一带一路"倡议提出后,
有力地推动了中国与"一带一路"沿线国家的投资合作。2015年,"一
带一路"倡议继续释放潜力,持续推动中国对"一带一路"沿线国家直

接投资合作，当年增速为 38.60%，较 2014 年提升 9.12%。2016 年，受全球石油价格下跌、世界经济形势整体低迷的影响，中国对"一带一路"沿线国家直接投资增速下降为 - 18.96%。2017 年，石油价格逐渐恢复，中国对沿线国家投资力度加大，带动中国对"一带一路"沿线国家直接投资增速提升至 31.50%。2018 年，随着中国经济下行压力增大，当年对沿线国家直接投资流量增速由正转负，为 - 11.30%。

中国对中亚五国直接投资增速波动较大，尤其在 2015 年受世界石油价格下降的影响出现大幅度下跌，为 - 522.39%，说明以能源产业为主的中国对中亚五国直接投资易受世界形势变化的影响，整体来说风险性较大。2016 年，中国为了扭转与中亚五国投资合作的不利趋势，加大对哈萨克斯坦直接投资力度，极大地拉动了中国对中亚五国直接投资流量的增速，中国对中亚五国直接投资流量由负转正，迅速提升至146.17%。2017 年，中国对中亚五国直接投资流量增速缩紧，较 2016年略有下降，但仍保持在 110.45% 的较高水平。2018 年受到中国经济形势的影响，中国对中亚五国直接投资流量由正转负，跌至 - 70.47%（见图 4 - 11）。

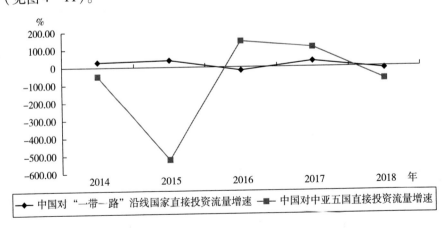

图 4 - 11　2014—2018 中国对中亚直接投资流量增速与"一带一路"沿线国家比较

（数据来源：2006—2018 年中国对外直接投资统计公报，中国商务部网站）

三、与中国对转型经济体国家投资比较

在转型经济体国家[①]中，中亚五国作为中国企业"西行"第一站，相比较其他国家来说具有独特的地缘优势，且相对于其他转型经济体国家来说，中亚五国拥有更为丰富的能源资源，因此，中国对中亚五国直接投资在中国对转型经济体国家中占比较高。

从直接投资流量对比分析来看，中国对中亚五国直接投资流量在中国对转型经济体国家直接投资流量中占比较高，基本上保持在40%以上，因此，中国对中亚五国直接投资流量的变动趋势决定了中国对转型经济体国家直接投资流量的变动趋势。2006—2012年，除2008年受国际金融危机影响外，中国对中亚五国直接投资流量逐步提高，带动中国对转型经济体国家直接投资流量逐步提升。其占比也在小幅度波动中逐渐提升，于2012年达到历史最高水平的78.93%。2012年之后，受全球经济衰退影响，中国对中亚五国直接投资流量逐年减少，导致中国对转型经济体国家直接投资流量也在不断下降。2015年，中国对转型经济体国家直接投资流量跌至历史最低水平，仅为7.41亿美元，中国对中亚五国直接投资流量在中国对转型经济体国家中的占比也首次由正转负，同样下跌至历史最低水平，为−75.84%。2015年之后，"一带一路"倡议逐步发挥作用，中国对中亚五国直接投资和中国对转型经济体国家直接投资在多种不利因素下逐渐恢复，并在2017年达到历史第二高水平，为55.37%（见图4−12）。

对比直接投资流量的波动，中国对中亚五国直接投资存量在中国对转型经济体国家直接投资存量中占比相对比较稳定，变动程度不大，占比在近些年一直长期保持在30%以上（见图4−13）。

---

① 转型经济体国家包括哈萨克斯坦、吉尔吉斯斯坦、塔吉克斯坦、土库曼斯坦、乌兹别克斯坦、阿尔巴尼亚、波斯尼亚、黑塞哥维纳、塞尔维亚、黑山、马其顿共和国、亚美尼亚、阿塞拜疆、白俄罗斯、摩尔多瓦、俄罗斯、乌克兰、格鲁吉亚。分类标准来源于《中国对外直接投资统计公报》（2015版）。

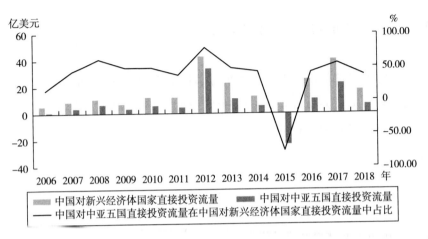

图 4 - 12 2006—2018 年中国对中亚直接投资流量在对转型经济体国家占比

（数据来源：2006—2018 年中国对外直接投资统计公报①，中国商务部网站）

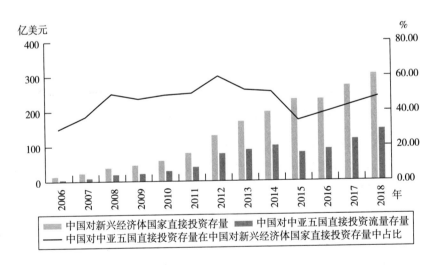

图 4 - 13 2006—2018 年中国对中亚直接投资存量在对转型经济体国家占比

（数据来源：2006—2018 年中国对外直接投资统计公报，中国商务部网站）

---

① 因 2015 年中国对中亚五国直接投资为负值，而中国对转型经济体国家整体投资为正值，因此在计算占比时全部采取了取负处理。

综上可见，中国对中亚国家的对外直接投资占中国对外直接投资的比例十分小，在历史最高时期的对外直接投资流量比例仅占 3.9%（2012 年），直接投资存量占比更小，仅为 1.5%（2012 年）。但是，中国对中亚国家直接投资存量占中国对亚洲及中国对世界对外直接投资存量的比重是逐年增高的，即对中亚国家直接投资存量总体呈现递增趋势。

第五章

中国与中亚国家投资便利化的内外部环境

21 世纪初，中亚地区逐步成为世界热点地区之一，美国、俄罗斯、日本等世界强国日益聚焦并逐利于中亚地区。中国毗邻中亚地区，并且与其有着悠久的交流交往历史。

自 2013 年 9 月中国提出"一带一路"倡议以来，中国致力于在世界范围内大力推动"一带一路"建设。中亚国家也是中国丝绸之路经济带首要聚焦的区域，这里作为中国所倡导建立的第一个多边国际组织——上海合作组织积极运作的地域，承载着中国对当今世界发展理念的推广重任，当代世界治理理念、政治经济秩序、总体国家安全观等执政理念均在中国与周边国家，特别是中亚国家的交流交往中得以推广和实践。投资便利化是促进投资良好快速发展的必然手段和必经路径，也是当前促进投资的主要目标。但是，目前中国与中亚国家投资便利化的发展目标，会受到双方内外部发展环境因素的制约，需要充分认识发展困境与制约，以期提高投资便利化程度。

第一节 中国与中亚国家投资便利化的内部环境

一、经济发展环境

一个国家的经济发展水平与投资贸易具有双向影响作用，经济发展水平高的市场对投资便利化有促进作用；另外，宏观经济的稳定性对投资便利化进程也有重要的助推作用；宏观经济的总体规模，即市场规模的大小，对投资便利化也有较强的影响作用。

（一）中国投资便利化经济发展环境

中国经济历经改革开放、宏观稳定的 40 多年发展历程，创造了令世界瞩目的中国经济发展奇迹，为世界经济的发展作出了毋庸置疑的贡献，中国也成为世界第二大经济体，而且与位居第一的美国的差距逐步缩小。

1. 中国经济持续稳定增长

回顾改革开放 40 年，中国经济在 1978 年改革开放初期，国内生产总值仅为 3679 亿元，占世界经济的比重为 1.8%，居全球第 11 位。1986年，中国经济总量达到 1 万亿元，在 2000 年突破 10 万亿元大关，超过意大利成为世界第六大经济体，在 2010 年达到 412119 亿元，超过日本成为世界第二大经济体并一直保持至今，2018 年国内生产总值突破 90 万亿元大关，达到 900309 亿元，占世界经济的比重接近 16%。2020 年经济总量再创新高，突破 100 万亿元大关，达到 1013567 亿元[①]，稳居世界第二位，而且与世界第一大经济体美国的差距逐步缩小，创造了高速发展的奇迹，综合国力持续提升。中国国内生产总值发展情况如图 5 - 1 所示。

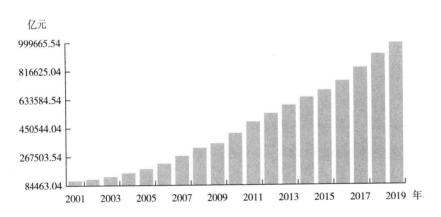

图 5 - 1 2001—2019 年中国国内生产总值情况

（数据来源：国家统计局国家数据，http：//data. stats. gov. cn/ks. htm？ cn = C01）

2. 中国利用外资持续稳定增长

中国经济健康持续发展的过程，也是中国对外开放逐步走向深入的

---

① 国家统计局关于 2021 年国内生产总值最终核实的公告，统计局网站，2021 - 12 - 17.

过程，随着投资环境的日益改善，利用外资的规模不断增大、领域持续
扩大。特别是 2001 年，中国加入世界贸易组织，中国在放宽市场准入、
优化投资环境等方面作出了多方面、多举措的努力，利用外资规模持续
扩大，步入高速发展时期。2011 年以后，中国利用外资在高位小幅稳定
增长，尤其在近几年全球经济低迷，资本流动连续下滑的国际环境下，
中国政府积极采取各种措施改善营商环境，利用外资逆势增长，保持了
稳定增长的局面。商务部数据显示：2019 年，中国利用外资逆势增长，
全年实际利用外商直接投资达 13813500 万美元，是 2001 年 4687800 万美
元的 3 倍，反映了中国引进和利用外资的快速发展。联合国贸发会议发
布报告，称中国成为全球第二大外资流入国，[①] 中国也是连续 28 年成为
外资流入最多的发展中经济体。这也充分说明了我国日益改善提升的公
平、透明、可预期的营商环境，充分说明了中国政府全面落实外商投资
企业的国民待遇。中国实际利用外资情况如图 5 - 2 所示。

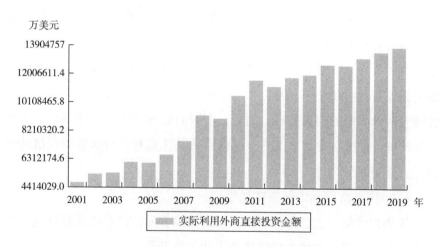

图 5 - 2　2001—2019 年中国利用外资情况

（数据来源：国家统计局国家数据，http：//data. stats. gov. cn/easyquery. htm？cn = C01）

---

① 联合国报告：中国成为全球第二大外资流入国，新华网，http：//www. xinhuanet. com/
2018 - 06/07/c_1122951672. htm，2018 - 06 - 07.

3. 中国经济面临复杂多变的世界环境

当前，中国经济面临的发展环境是"百年未有之大变局"。从外部世界经济发展环境看，世界经济主要经济体复苏动力减弱、发展动力不足、增速放缓明显，主要国际经济组织纷纷下调预期，经济发展前景令人忧心。同时，逆全球化势头有逐步走高之势，民粹主义之风蔓延，全球范围内经贸摩擦骤然增多，全球市场动荡不稳态势明显。但也要看到，面对纷繁复杂多变的世界环境，面对世界多极化、经济全球化、文化多样化、社会信息化的发展背景，中国的"一带一路"倡议，从倡议发布两周年时60多个国家和国际组织表达积极参与的态度，到2019年第二届"一带一路"国际合作高峰论坛时，包括中国在内的38个国家的元首和政府首脑等领导人以及联合国秘书长和国际货币基金组织总裁共40位领导人出席圆桌峰会。来自150个国家、92个国际组织的6000余名外宾参加了论坛。[①] 充分说明了中国"一带一路"倡议日益得到世界各国的认同和参与，"一带一路"建设的国际环境日益活跃和积极，"一带一路"建设的参与方和关注者日益增多和踊跃，"一带一路"建设的国际影响力日益显著和提升。中国正成为以"一带一路"建设为世界交流合作重要内涵的倡导者和引领者；中国的"一带一路"倡议，正成为人类命运共同体理念落地生根的伟大实践。因此，中国面临着挑战与机遇并存的外部发展环境。中国在致力于维护全球自由贸易体系和开放型世界经济的道路上，坚韧而行。

4. 中国经济面临内部新挑战

作为世界第二大经济体，中国经济面临着复杂严峻的外部环境，稳中求进已经连续几年成为中国经济工作的总基调。

特别是2020年世界疫情的反复波动，中国经历艰苦卓绝的抗疫工作，复杂严峻的发展形势更增进了一系列不稳定性和不确定性因素。

---

① 王毅谈第二届"一带一路"国际合作高峰论坛成果，光明网，2019 - 04 - 29，https：// m. gmw. cn/baijia/2019 - 04/29/32790177. html.

"加快形成以国内大循环为主体、国内国际双循环相互促进的新发展格局"[1] 已成为当前经济工作的新方向。这也预示着中国经济外部发展环境遇到了新挑战和新转变，全球经济增长乏力与经济逆全球化叠加，一些国家保护主义和单边主义盛行，不断对中国高科技企业进行打压。境外一些国家疫情控制不力，世界主要经济组织对全球经济预测"为第二次世界大战以来最严重的经济衰退"。

(二) 中亚国家投资便利化的经济发展环境

中亚国家在独立之初面临着一系列经济下滑和社会动荡的发展困境，伴随着政权稳定和社会矛盾的趋缓，经济社会发展迎来了快速增长的趋势。虽经 2008 年的国际金融危机和 2013 年开始的一系列货币贬值冲击导致的经济社会发展低缓与波动，但是，由于其地缘政治的战略重要性及其各国发展的目标坚定性及多元化外交策略，中亚国家的经济发展，特别是贸易发展仍非常迅速。

1. 哈萨克斯坦投资便利化经济发展环境

在中亚五国中，哈萨克斯坦的经济实力居首位，属于中高等收入国家，人均国民收入水平高于中国，市场开放水平最高，对外贸易规模最大，利用外资最多，法律制度相对完善。[2] 哈萨克斯坦横跨亚欧大陆，是中亚五国中面积最大的国家。中哈两国有 1700 多千米的共同边界，有 7 个边境口岸。其中，中哈阿拉山口口岸是新亚欧大陆桥进入中亚、欧洲最大的铁路口岸，中哈霍尔果斯口岸是新亚欧大陆桥进入中亚、欧洲最大的综合口岸。哈萨克斯坦石油储量居于世界第 12 位 (39 亿吨)，天然气储备居于世界第 20 位 (1.3 万亿立方米)；石油和天然气产量分

---

① 以国内大循环为主体、国内国际双循环相互促进　加快形成新发展格局，中华人民共和国工业和信息化部，http://www.miit.gov.cn/n973401/n7866756/n7866789/c8041856/content.html，2020 - 08 - 03.

② 李艳宁. 中亚自由贸易区国际经贸法律问题初探——以哈萨克斯坦为例 [J]. 法制与社会，2011 (12).

别居于世界第 17 位和第 29 位。① 哈萨克斯坦已跨入世界 50 个主要出口国之列，产品出口至全球 119 个国家，在出口铀、铁合金、面粉、小麦和石油等方面在全球国家中名列前茅。哈萨克斯坦在 2014 年制定了"光明大道"新经济计划，2016 年制定了 2025 年前新国家发展战略计划，为经济发展指明了发展方向，先后制定并实施了两个工业化发展五年计划，为经济稳定健康发展创造了必要条件。加之"一带一路"倡议的推动，近几年哈萨克斯坦经济发展情况良好。

2. 吉尔吉斯斯坦投资便利化经济发展环境

吉尔吉斯斯坦面积小、人口少、经济发展落后，但是，吉尔吉斯斯坦是中亚五国中最早加入 WTO，且开放度最大、对外贸易依赖性最强的国家。吉尔吉斯斯坦的经济自由度、市场开发程度较高，贸易保护措施较少，关税税率远低于其他中亚国家，而且吉尔吉斯斯坦的外贸和关税政策较为稳定和透明，大批从事边境贸易的商人将货物出口到吉尔吉斯斯坦，然后利用吉尔吉斯斯坦的两个国际性"大巴扎"将货物分销到其他中亚国家。2017 年，吉尔吉斯斯坦国内生产总值约合 71.63 亿美元，同比增长 4.5%。经济增长主要依靠工业、农业、建筑业、服务行业的发展。吉尔吉斯斯坦属于中低等收入国家。2017 年，吉尔吉斯斯坦与 126 个国家有贸易关系，其中出口 86 个国家，进口 120 个国家。

3. 土库曼斯坦投资便利化经济发展环境

石油和天然气开采、石油加工业是土库曼斯坦的经济支柱。土库曼斯坦天然气储量居世界第 4 位，仅次于俄罗斯、伊朗、卡塔尔，管道年运输能力超过 380 亿立方米，每天运输 9000 万立方米，其中，阿富汗购买 1400 万立方米，印度和巴基斯坦购买 3800 万立方米。土库曼斯坦政府提出发展多元化的经济，以出口和内需为导向优先发展油气开发、天然气化工、电力、纺织、食品加工等产业，建立新型创新产业，改善

---

① 哈能源蕴藏量情况，中华人民共和国驻哈萨克斯坦共和国大使馆经济商务处，http：//kz. mofcom. gov. cn/article/jmxw/201306/20130600168572. shtml，2013 - 06 - 20.

投资环境，促进私营经济发展。近年来，该国努力提高私营经济的比重，扶持中小企业发展，鼓励外商投资，但土库曼斯坦对外国企业准入的门槛和要求较高，目前土库曼斯坦仍处于计划经济向市场经济过渡的转型期，法律法规变化较大，市场环境也十分特殊。

进入21世纪以来，土库曼斯坦经济保持稳定快速发展，年均增长率超过10%，属于中高等收入国家。2019年，国内生产总值同比增长6.3%，其中，工业增长4.1%，贸易增长14.2%，交通通信业增长10.1%，商品出口额约合25.8亿美元，同比增长4.6%。土库曼斯坦政府大力推进工业现代化和向市场经济过渡，并提高私营经济比重。在全国商品产量中，65.3%来自私营企业。[1]

4. 乌兹别克斯坦投资便利化经济发展环境

乌兹别克斯坦是中亚五国中人口最多、资源相对比较丰富、市场化改革成效比较显著的国家，也是中亚五国中工业门类较齐全，制造业比较发达的国家，进入21世纪以来经济发展总体保持稳定增长态势。2019年，乌兹别克斯坦国内生产总值为579.1亿美元，同比实际增长5.6%，人均GDP为1724美元，实际增长3.6%，属于中低等收入国家。截至2020年1月1日总人口为3390.58万人。经济发展呈现四大特点：第一，工业成为第一大产业，占GDP比重为36.4%，同比上升3.8个百分点；第二，固定资产投资和利用外资持续快速增长；第三，小企业快速发展，居民收入增加；第四，国际储备和外债持续增长，苏姆贬值明显。[2]

2019年，乌兹别克斯坦外资（包括外国投资和贷款）固定资产投资为98.1亿美元，占固定资产投资的45.7%。其中，外国直接投资为42.1亿美元，增长3.6倍，占固定资产投资的19.6%；国家担保的外

① 土库曼斯坦总结2019年经济社会发展和外交成果，中华人民共和国驻土库曼斯坦大使馆，http：//tm. china - embassy. org/chn/tgdt/t1745076. htm，2020 - 02 - 09.
② 乌兹别克斯坦2019年经济发展情况，中华人民共和国驻乌兹别克斯坦大使馆经济商务处，http：//uz. mofcom. gov. cn/article/ztdy/202006/20200602971728. shtml，2020 - 06 - 07.

国贷款为 31.6 亿美元，增长 42.2%，占固定资产投资的 14.7%；非国家担保的外国贷款和投资为 24.4 亿美元，增长 42.4%，占固定资产投资的 14.7%。外国直接投资大幅增长，反映出乌兹别克斯坦政府招商引资成效显著，营商环境改善明显。①

5. 塔吉克斯坦投资便利化经济发展环境

塔吉克斯坦经济基础薄弱，结构单一。苏联解体后的政治经济危机以及多年内战使塔吉克斯坦国民经济遭受严重破坏，经济损失总计超过70 亿美元。进入 21 世纪以来，塔吉克斯坦政治局势总体趋于相对稳定，经济社会领域各项建设逐步展开，经济开始恢复增长，民众富裕程度不断提高，消费市场日渐繁荣。但是 2014 年以来，受俄罗斯经济持续下滑的影响，塔吉克斯坦经济下行压力增大，形势不容乐观。2015年塔吉克斯坦主要出口商品国际市场价格疲软、对外劳务侨汇收入大幅减少塔吉克斯坦经济形势总体严峻，经济下行趋势明显，消费和外贸形势均不容乐观，国家财政资金十分紧张，外汇储备不断减少，外汇市场持续震荡，国内消费需求明显减弱。据塔吉克斯坦官方统计，2015 年塔吉克斯坦 GDP 总额为 78.52 亿美元，同比增长 6%，经济增速同比下降 0.7 个百分点，经济下行速度有所加大。其中，工业增长 11.2%，农业增长 3.2%，固定资产投资增长 21.2%，零售贸易总额增长 5.5%。②为了大力发展经济，塔吉克斯坦奉行开放的对外经济政策，积极寻求国际社会援助，开展对外经济合作，努力改善投资环境。世界银行发布的《2015 年营商环境报告》显示，塔吉克斯坦在全球营商环境排名居于第132 位。③

---

① 乌兹别克斯坦 2019 年经济发展情况，中华人民共和国驻乌兹别克斯坦共和国大使馆经济商务处，http：//uz. mofcom. gov. cn/article/ztdy/202006/20200602971728. shtml，2020 - 06 - 07.

② 2015 年塔吉克斯坦经济形势总体评价，中华人民共和国驻塔吉克斯坦共和国大使馆经济商务处，http：//tj. mofcom. gov. cn/article/yshj/201407/20140700675768. shtml，2016 - 03 - 18.

③ 塔吉克斯坦营商环境概况，中华人民共和国驻塔吉克斯坦共和国大使馆经济商务处，http：//tj. mofcom. gov. cn/article/yshj/201609/20160901399448. shtml，2016 - 09 - 12.

（三）中国与中亚国家投资便利化经济发展环境评述

首先，从中国来看，近几年中国经济仍保持持续稳定增长，对外贸易、利用外资和对外投资总体保持良好发展势头，总体积极发展环境比较好。但是，中国经济发展在保持新常态增长的同时，面临"前所未有"的挑战，这些挑战的背后，是对经济发展稳定性的考验，是对经济发展水平的考验，也是对市场规模、市场开放程度的考验，进而是对中国投资环境的考验。

其次，从中亚五国来看，中亚国家由于其经济结构高度依赖能源矿产，因而其经济对外来经济依赖性很强，致使其经济受国际市场波动影响而出现较大波动，但是在其一系列经济发展战略的推动下，总体经济向好发展。由于加入世界贸易组织，近几年其对外贸易、吸引外资总体发展良好。但同样面临世界经济低迷、逆全球化和全球疫情的严峻考验。

在经济改革方面，中亚五国的基础条件、改革方式和成效各不相同。哈萨克斯坦在经济总量上遥遥领先，在经济改革的目标、市场化和私有化的进展方面和吉尔吉斯斯坦两国快一些，其他国家相对慢些。但哈萨克斯坦和乌兹别克斯坦两国的经济结构调整的成效大些。塔吉克斯坦制定了"水电兴国"和"交通兴国"战略；乌兹别克斯坦则是吸引外资稳健推进经济改革。

二、政策法律环境

任何政策措施的出台和实施，都是国家治理经济社会发展的认知和手段的体现。围绕投资便利化，中国与中亚国家制定了一些目标明确的政策以利于促进投资便利化，也有一些政策的实施，是对提升投资便利化目标的侵害。

（一）中国投资便利化的政策环境

在中国经济持续创造发展奇迹的过程中，开放一直是中国政府不断强调并保持发展繁荣的不竭动力。近几年，中国加快扩大对外开放，出台了提升市场开放程度，包含促进雇佣外国劳动的便利程度、优化外商投资规则、增进多边贸易规则的开放性等一系列政策措施。

1. 投资法律制度进一步完善

中国在改革开放之初便确立了以利用外资和建立涉外企业为主要内容的对外开放方针，并不断制定出台一系列优化投资环境、扩大对外开放的政策法规。20 世纪 80 年代中期以后，我国先后颁布施行了《国务院关于华侨投资优惠的暂行规定》《关于加强吸收外商投资工作的报告》《关于进一步改善外商投资企业生产经营条件的通知》《指导吸收外商投资方向暂行规定》《中外合资经营企业中方投资者分得利润分配和管理的暂行办法》《关于鼓励台湾同胞投资的规定》《关于改善外商投资企业物资供应请示的通知》《国务院特区办公室关于简化外商投资企业中方人员出国（境）审批手续规定的通知》《中西部地区外商投资优势产业目录》（2004 年后多次修订）《外商投资产业指导目录》（2004 年后多次修订）《外商投资电信企业管理规定》。

近几年，中国进一步加大对外资开放力度，加快与国际接轨。2015 年，国务院办公厅印发《关于自由贸易试验区外商投资准入特别管理措施（负面清单）的通知》。2017 年，颁布《关于进一步引导和规范境外投资方向指导意见的通知》和《关于自由贸易试验区外商投资准入特别管理措施（负面清单）（2017 年版）的通知》。2019 年 3 月 15 日，中国通过了《中华人民共和国外商投资法》，这是为进一步推进改革开放、积极促进外商投资的法律，明确国家实行高水平投资自由化便利化政策，营造稳定、透明、可预期的投资环境，作出了明确的规定。确立了准入前国民待遇和负面清单制度，落实了外商投资负面清单管理制度，明确了外商投资项目的核准、备案制度，建立了国家建立外商投资信息报告制度，确立了外商投资安全审查制度，对加强对外商投资合法权益的保护作出明确规定。《中华人民共和国外商投资法》的正式实施，彰显了中国不断推动投资自由化这一重要的国际投资规则，表明中国将进一步营造稳定、透明、可预期和公平竞争的市场环境。2019 年12 月 12 日，国务院审议通过《中华人民共和国外商投资法实施条例》，从行政法规层面尽可能地明确各种细化的事项，增强了法律制度的可操作性，有效保障了法律的实施。

2. 市场准入度扩大

为加快扩大开放步伐，营造良好的投资环境，我国自 2014 年起开始自由贸易试验区建设，实施更加优惠的投资政策，短短几年已经发展到 18 个自由贸易试验区。在上述各项有关扩大开放的投资法律制度的推动下，我国外商投资准入负面清单大幅缩减，外商投资环境快速提升。在世界银行发布的《2020 年营商环境报告》中，中国连续第二年居于改善最大的经济体排名前十。[①]

中国国务院副总理韩正在达沃斯世界经济论坛 2020 年年会上发表的题为"共建开放型世界经济 推动全球可持续发展"的致辞中强调："中国将进一步放宽外商投资准入，继续缩减外商投资准入负面清单；进一步增加商品和服务进口，促进贸易平衡发展；进一步改善营商环境，全面实施平等待遇，对在中国境内注册的各类企业平等对待、一视同仁；进一步打造对外开放新高地，赋予自由贸易试验区更大的改革自主权，加快推进海南自由贸易港建设；进一步深化多双边合作，共同推动建设开放型世界经济"。[②]

---

① 世界银行发布 2020 年营商环境报告 中国排名第几？国际财经网，2019 – 10 – 24.
② 韩正出席达沃斯世界经济论坛 2020 年年会并致辞，中华人民共和国中央人民政府网，ht-tp：//www. gov. cn/guowuyuan/2020 – 01/22/content_5471406. htm，2020 – 01 – 22.

（二）中亚国家投资便利化的政策环境

中亚国家经过多年发展，经济社会发展逐步提升，市场规模日益扩大，发展环境不断优化，这主要得益于中亚国家致力于经济社会发展及政策环境改善。

1. 哈萨克斯坦投资便利化政策环境

哈萨克斯坦在 2014 年制定了"光明大道"新经济计划，希望通过一系列投资促进哈萨克斯坦经济结构转型，实现经济增长。哈萨克斯坦确定了国家重点发展具有出口潜能的加工业领域，包括食品生产、机械制造（其中包括铁路机械制造）、有色和黑色冶金、石油加工和石化、农业化学和工业用化学制品、建材等。并且将发展加工业领域 80% 的投资用于这 6 个领域。2015 年，哈萨克斯坦签署了关于就完善投资环境问题修订和补充的有关法律法规，特别对吸引外资政策作出重大调整，旨在进一步改善投资环境和鼓励对经济优先领域的投资。此次调整无论是规模还是范围均是哈萨克斯坦历年来力度最大的一次，备受外界广泛关注，特别明确了投资优惠的类别和给予的对象。在世界银行发布的《2020 年营商环境报告》，哈萨克斯坦排名较上年上升 3 位，排名第 25 位。2020 年 6 月，哈萨克斯坦政府通过了改善营商环境一揽子措施，并通过改善营商环境方案，其中包括 43 项支持企业的具体措施。① 但是其中涉及的简化政府采购、提高本地化成分等措施对外国企业投资不利，但是总体上有助于进一步改善营商环境。

2. 塔吉克斯坦投资便利化政策环境

塔吉克斯坦从 1998 年恢复经济发展后，经济建设一直在国际组织、外国政府和外国企业的援助下开展，其中，固定资产投资涉及能源、道路交通、农村饮用水改善、农产品加工及工业生产等多个领域。为促进经济发展，塔吉克斯坦先后出台多个引资政策，吸引外资的主要投入领

---

① 哈萨克斯坦政府通过改善营商环境一揽子措施，中国驻哈萨克斯坦共和国大使馆经济商务处，http://kz.mofcom.gov.cn/article/jmxw/202006/20200602977221.shtml，2020 - 06 - 24.

域是公路修复、能源开发及贵金属矿开采和加工、食品加工业、发展中小企业等。当前,塔吉克斯坦吸引外资的重点领域是水电站建设、公路修复及隧道建设、通信网改造、矿产资源开采和加工、农产品加工等。主要吸引了来自中国、俄罗斯、哈萨克斯坦、英国、荷兰等国家的投资,带动了其经济发展。

但是,塔吉克斯坦投资营商环境一直不佳,在世界银行发布的《2015 年营商环境报告》中,塔吉克斯坦在全球营商环境排名中居第132 位。近几年,塔吉克斯坦采取了多项措施改善营商环境。在世界银行发布的《2020 年营商环境报告》中,塔吉克斯坦位列全球改善最大的经济体排名前十。

3. 吉尔吉斯斯坦投资便利化政策环境

吉尔吉斯斯坦为推动外贸便利化,颁布了《2015—2017 年推动私营经济发展规划》。吉尔吉斯斯坦加入欧盟后,为使本国企业变得更具竞争力,也能创造一切便利条件吸引外国企业来吉尔吉斯斯坦投资,吉尔吉斯斯坦政府优化增值税、取消出口税,并将办理进口商品所需文件数量从 11 份减少到 4 份。吉尔吉斯斯坦为了保护国内劳动市场,保障本国公民优先就业,减少了吸引外国公民的数量。在 2018 年确定的引进外国专家的配额是 16490 人,其中,10961 人获得了核发的许可手续,获得就业许可的中国公民总数为 8679 人。[①] 近几年,吉尔吉斯斯坦采取了多项措施改善营商环境。在世界银行发布的《2020 年营商环境报告》中,吉尔吉斯斯坦位列营商环境改善最大的经济体全球排名前二十。

4. 乌兹别克斯坦投资便利化政策环境

目前,乌兹别克斯坦吸引投资的主要法律有《外国投资法》《投资活动法》等。乌兹别克斯坦没有出台禁止、限制外国投资的法律法规,外

---

① 吉尔吉斯斯坦外国人口中八成来自中国,中华人民共和国驻吉尔吉斯斯坦共和国大使馆经济商务处,http: //kg. mofcom. gov. cn/article/ztdy/201809/20180902788191. shtml,2018 – 09 – 18.

国投资者可以设立合资企业、外商独资企业、获取私有化企业部分或全部股份。乌兹别克斯坦吸引外资政策的重点是欢迎外国投资者利用当地资源和原材料，建立大型生产企业和对中小企业集资，企业的法定资金、投资所占比例越大，获得的优惠政策和待遇就越多。乌兹别克斯坦吸引外资的主要优惠政策，一是总统令进一步加强外资吸引力度。规定无线电子工业、轻工业、建材业、食品工业等生产领域企业免除法人利润税、财产税、社会基础设施营建税、小微企业统一税以及共和国道路基金缴费，享受优惠政策期限由直接外国投资额决定。二是工业特区为企业提供更多的优惠政策。纳沃伊自由工业经济区内企业免除土地税、财产税、利润税、社会基础设施税、小企业统一税、共和国道路基金缴费。安格连特别工业区将运行 30 年，并可延期，区内实行优惠的税收和海关政策。园区内企业将免缴利润税、法人财产税、基础设施税、小企业统一税、共和国道路基金缴费。同时免缴海关税（海关手续费除外），非本地生产的用于乌兹别克斯坦内阁批准项目所需的材料和配件免缴海关税。

通过上述采取的多项措施，近几年乌兹别克斯坦营商环境有很大改善。在世界银行发布的《2020 年营商环境报告》中，乌兹别克斯坦位列营商环境改善最大的经济体排名前二十，在全球 190 个参加排名的经济体中居于第 69 位，比上一年上升了 7 位，较 3 年前第 166 位的排名大幅提升。[1]

5. 土库曼斯坦投资便利化政策环境

土库曼斯坦对外国投资的优惠措施主要体现在海关、进出口管理、税收、签证制度等方面。根据《外国投资法》规定，外资享受的优惠政策主要包括：一是海关优惠。对作为外资企业注册资本投入的财产和用于企业生产产品所需的财产免征关税和海关手续费等。二是进出口产品优惠。外资企业有权出口自产产品（含工程、服务）和进口自需产品（含工程、服务），无须办理许可证等。三是税费减免。在首批投资回收期内，以可自由兑换货币所进行的投资额占注册资本的 30% 以上

---

① 佚名，乌兹别克斯坦营商环境持续改善，人民网，2020 – 01 – 20.

的外资企业，免缴红利税，企业免征利润税；将利润用于再投资的外资企业，在首批投资回收后，对其再投资的部分予以免税；投资项目和外资企业的注册免征注册手续费；外国投资者运抵土库曼斯坦的设备、材料免征认证服务费等。四是简化签证制度。外国投资者、外资企业中的外籍员工及家属有权取得不少于一年的多次往返签证等。此外，《外国投资法》还规定，当土库曼斯坦有关外国投资的法律发生变化并导致外国投资者、外商投资企业享受的法律待遇降低时，外国投资者有权要求将其投资注册时适用的法律保持 10 年不变。除一般性优惠政策外，土库曼斯坦政府还对在阿瓦扎国家级旅游区（属自由经济区）内开展投资活动的外国投资者提供了一系列特殊优惠。①

（三）中国与中亚国家投资便利化政策环境评价

近几年来，中亚国家经济发展不断好转的同时，也力求保持开放的态度引进外资，投资便利化环境得到改善和提升，其中，哈萨克斯坦投资便利化最具有优势，其多项指标的世界排名也优于中国。

总体而言，中国对中亚国家投资历史悠久，但其始终不是中国主要投资目标国。尽管中亚地区是中国"一带一路"倡议的主要目标地区，但是，对其的投资也经历了持续波动的过程。哈萨克斯坦是中国在中亚地区投资规模较大的国家，始终远超于其他四个中亚国家，但是，必须清醒地认识到，哈萨克斯坦固有的戒备心态及多元的外经贸战略，不想过度依赖于中国的投资与贸易，因而在人员交往、投资领域，特别是对资源性领域外商投资的谨慎性很强。

中国与中亚五国投资便利化水平呈现明显的差异化，投资便利化水平分为 3 个层次。居于第一层次水平的是哈萨克斯坦和中国，这两个国家投资便利化水平大致较其他四国具有十分明显的优势；居于第二层次

---

① 刘娜．土库曼斯坦：多元化战略向世界敞开合作之门［EB/OL］．中国联合商报，2010 - 08 - 30.

水平的是吉尔吉斯斯坦和塔吉克斯坦，并且吉尔吉斯斯坦投资便利化水平相对更高；居于第三层次水平的是土库曼斯坦和乌兹别克斯坦，这两个国家的综合竞争力、贸易发展水平和国内企业的监管水平还没有得到世界的注意，投资便利化水平还处于较低状态。

总之，中亚国家相关投资政策上缺乏连贯性和一致性，法律法规多变且不健全，随意性强，存在诸多不符合市场经济要求和国际惯例的障碍和问题。由于国际金融危机后中亚国家为缓解国内就业矛盾，连续几年降低外籍劳务人员配额比例，一些国家甚至取消了中国企业现有的外国劳务配额或提高办理费用，因而增加了项目成本、影响了投资合作的顺利进行。

三、社会政治环境

稳定的政治环境，往往是贸易便利化和投资便利化的首要条件。政府是影响企业，特别是跨国企业投资活动的重要因素。政府对企业投资的态度和行动力对企业营商环境、市场开放程度及基础设施建设体系力度将产生重要影响，为提高投资便利化水平，必须依赖行而有力且行而有效的政府行动。

中国具有较强的政府行动力，在国家层面的国际推动合作与交流的能力建设逐步增强，特别是"一带一路"倡议的愿景得到中亚国家的认可，并且中亚国家的合作意愿逐步增强，中国的国际话语权和国际影响力逐步提升，对于中国企业走出国门具有积极作用。因此，应继续加大和促进中国与中亚国家间政府的交流与合作，继续加大谈判与磋商力度，创建灵活有效的协调机制，加大双方的理解和互信程度，增强合作的紧密程度，在国家层面助推投资便利化进程。

中亚五国独立后，实行了西方三权分立的总统制政体，但又与美国等西方国家的总统制有所区别。在中亚五国，为维护政局稳定，不断削弱议会的权利，政治权力的分配越来越趋向于中央集权制，形成强总统，弱议会的状态。经过 20 多年的发展，中亚五国基本上形成了独具特色的多党政治体制，但党派之间、民族和宗教之间的斗争，加之恐怖主义活动等政治风险相对较大。因此，中国与中亚五国的投资活动面临着较高的政治风险。另外，中亚五国的权力寻租一直比较严重。

第二节　中国与中亚国家投资便利化的外部环境

一、国际经济环境

从 2008 年国际金融危机至今，全球主要经济体增长都呈现放缓趋势，世界经济放缓趋势依旧持续。世界经济增长的持续低迷，全球经济逆全球化和保护主义抬头，国际经贸摩擦加剧，世界经济不确定因素增多，突发性对抗性事件增多，将进一步增加全球经济贸易和投资合作的不确定性和风险性，这进一步增加了一些国家利用政策手段、资格审查或检测手段，阻断投资合作进入某一领域以保护本国产业、行业和企业。因此，投资逆便利化风险增大。

2020 年，世界疫情的蔓延与持续，使得世界经济严重衰退，产业链、供应链循环受阻，国际贸易和投资萎缩，大宗商品市场动荡。[①] 在疫情强烈冲击的形势下，世界经济以及各国经济都在经受着巨大挑战和深刻变化，全球产业链和供应链遭到重大冲击，逆全球化加剧。国际交流和人员贸易往来受到阻滞，商品流通受到规模上、品种上的诸多限制，开放型世界经济体系正面临着前所未有的考验，"更加开放、包容、普惠、平衡、共赢的" 发展目标正经受更大程度的努力和发展。

---

① 2020 年政府工作报告，中华人民共和国中央人民政府网，http://www.gov.cn/premier/2020 –05/22/content_5513757. htm，2020 –05 –22.

二、欧亚经济联盟

欧亚经济联盟是在俄白哈关税同盟及其统一经济空间的基础上于2015 年 1 月成立。吉尔吉斯斯坦和亚美尼亚于当年加入。欧亚经济联盟的目标是在 2025 年之前实现联盟内部商品、服务、资本和劳动力自由流动，并推行协调一致的经济政策。由于哈萨克斯坦在关税同盟三国中对企业经营征收的税收较低，哈萨克斯坦逐步成为俄罗斯企业的"避税港湾"。对哈萨克斯坦而言，国际市场原材料价格和俄罗斯经济形势对哈萨克斯坦具有非常大的影响作用。由于俄罗斯经济发展滞缓，中国也进入经济增长新常态，近几年哈萨克斯坦国际贸易趋势下滑明显。

由于关税同盟的排他性，对非成员国实行了统一关税，而且较之前关税水平有所提高（尤其哈萨克斯坦关税的提高比较明显），因而在抑制外部贸易的同时，刺激了非成员国的投资，有利于中国对欧亚经济联盟内的哈萨克斯坦和吉尔吉斯斯坦等中亚国家的投资。2015 年，哈萨克斯坦成功加入世界贸易组织之后，近几年的商业环境逐步改善，据世界银行每年度营商环境报告，关税同盟三国在世行报告中的排名均呈上升趋势。哈萨克斯坦也在提出进入全球 50 个较发达国家宏伟目标，于2013 年进入了全球最具竞争力国家 50 强。

欧亚经济联盟成员国均是中国"一带一路"建设的重要合作伙伴。欧亚经济联盟在自身的推进过程中，存在着困难和挑战。俄罗斯对与中国的合作意愿增强的趋势明显，愿意将欧亚经济联盟与中国的"一带一路"倡议对接，并于 2015 年与中国签署"一带一盟"对接协议，2018 年签署"一带一盟"对接经贸合作纲要，在很大程度上改善了投资环境。

三、国际关系中的能源因素

中亚地区是中国"一带一路"倡议的首要目标区及关键合作区。

其中，中国与中亚地区的能源合作居于十分重要的地位。中亚国家的能源储备丰厚，这对于能源消耗大国的中国具有十分重要的合作意义。同时，中亚国家工业基础相对薄弱，工业技术及生产设施相对陈旧，技术工人相对匮乏，特别是能源领域的生产技术和技术人员，中亚地区需求强烈，这对具有世界能源行业具有技术领先地位的中国具有十分重要的合作意义。基于上述两点，具有优势互补的中国与中亚国家，在能源投资与合作方面有着丰硕的合作基础和合作实践。因此，中国与中亚国家投资便利化进程中，能源合作的逐步深入过程也是中国对中亚国家投资便利化过程的体现。同时，也正是能源领域的互补与合作，推动了中国与中亚地区投资便利化的持续深入。

从国别来讲，中国与中亚国家能源领域的投资合作，以对哈萨克斯坦的油气资源投资历史渊源最久、时间持续最长、项目最多、规模最大。中哈原油管道的建成投产，实现了由哈萨克斯坦西部到中国新疆全线贯通。中土天然气管道起自土库曼斯坦阿姆河右岸，过境乌兹别克斯坦和哈萨克斯坦，止于中哈边境的霍尔果斯。两个标志性项目在一定程度上满足了我国油气资源的市场需求。

中国与中亚国家能源领域的投资合作，要受到中国与中亚国家双方高层的推动以及具有显著影响力的世界大国的政策、制度、方略等战略性制度影响。这在一定程度上加速或者激化了能源领域投资合作的不稳定性，与投资便利化背道而驰。主要表现在：以国家安全为理由的能源领域的保护主义日益突出、成为投资便利化的严重制约。例如，通过加强国有控股、企业并购、政府扶持等方式对石油、天然气等重要资源性领域进行国家控制，限制外资企业在中亚国家的投资。正是上述现象的存在，中亚地区能源合作也常常成为国家间投资的筹码和衡量手段。

第六章

中国与中亚国家投资
便利化水平测评与分析

为了对中国与中亚国家的投资便利化水平进行合理的测算，在学习借鉴前人研究方法的基础上，本章利用世界经济论坛（WEF）发布的《全球竞争力报告》关于投资便利化测评指标得分，通过构建投资便利化水平测评指标体系，运用主成分分析法确定最终投资便利化综合测评模型，对中国与中亚国家的投资便利化水平进行测算，并对测评结果进行比较分析。同时，为了全面真实地反映中亚国家投资便利化水平，本章将选取符合模型条件和数据资料完整的其他丝绸之路经济带沿线国家作为参照国测评投资便利化水平，然后进行横向比较，分析中亚国家投资便利化水平在沿线国家的地位。

第一节　投资便利化测评指标体系构建

一、指标体系的构建

随着国际投资体制规则的不断变化和信息科技技术的快速发展，使得投资便利化涉及的领域越加广泛，而影响投资便利化的因素也在不断变化。因此，在构建投资便利化测评指标体系时，不仅要参考学习世界银行（WB）和世界经济论坛（WEF）关于投资便利化测评指标体系的构建，也要结合《营商环境报告》《世界投资报告》中提出的最新体制规则和评价方法。在学习相关投资规则的基础上，本书选择参考威尔逊、曼和大月（Wilson、Mann and Otsuki，2003）构建贸易便利化测评指标体系和张亚斌（2016）构建"一带一路"沿线国家投资便利化综合测算指标体系的方法，结合中亚国家投资环境特点，最终选取基础设施（R）、制度环境（I）、金融服务（F）和商业投资环境（E）4个方面指标作为中国与中亚国家投资便利化测评指标体系中的一级指标。然后，根据各一级指标包含的内容，进一步将各个指标细分选取与投资便利化密切相关的 19 个二级指标，尽可能地涵盖中亚国家投资便利化所涉及的主要内容，以期使对中亚国家投资便利化水平的测算更加准确、合理。具体指标体系构成如下表 6-1 所示。

表 6-1   投资便利化测评指标体系构成

一级指标	二级指标	取值范围	指标正负	数据来源
基础设施质量 R	公路基础设施质量 R1	1-7	正向指标	GCR
	口岸基础设施质量 R2	1-7	正向指标	GCR
	航空基础设施质量 R3	1-7	正向指标	GCR
	电力通信基础设施 R4	1-7	正向指标	GCR
制度环境 I	政府政策的透明度 I1	1-7	正向指标	GCR
	法律解决投资争端效率 I2	1-7	正向指标	GCR
	非正常的支付和贿赂 I3	1-7	正向指标	GCR
	司法独立性 I4	1-7	正向指标	GCR
	知识产权保护 I5	1-7	正向指标	GCR
金融服务效率 F	金融服便利性 F1	1-7	正向指标	GCR
	资本市场融资能力 F2	1-7	正向指标	GCR
	风险资本的可用性 F3	1-7	正向指标	GCR
	银行的稳健性 F4	1-7	正向指标	GCR
	贷款的可获得性 F5	1-7	正向指标	GCR
商业投资环境 E	投资审批程序 E1	0-100	负向指标	GCR
	投资审批时间 E2	0-200	负向指标	GCR
	FDI 规则对投资影响 E3	1-7	正向指标	GCR
	国内市场规模指数 E4	1-7	正向指标	GCR
	人才的有效利用 E5	1-7	正向指标	GCR

注：GCR：Globle Competitiveness Report（全球竞争力报告）。

二、测评指标的含义

第一，基础设施质量指标，该指标用来衡量一国的海陆空港等基础设施建设的质量和工作效率，以及依靠电力设施等信息技术的可获得性。该指标取值范围为 1-7，得分越高的指标，说明该项基础设施建设越完善，相应的工作效率越高，对吸引外资的促进作用越大。该指标下具体包括公路、口岸、航空基础设施质量及电力通信设施可获得性4个二级指标。

第二，制度环境指标，该指标该主要用来衡量一个国家制度环境的稳定性和透明度，以及解决投资争端的法律效率，反映企业对外投资能否在一个优良的、透明的、高效的宏观环境中进行。得分越高，说明制度环境稳健性和透明度越高，越有利于吸引跨国投资。该指标下包括政府政策的透明度、非正常支付和贿赂、法律解决投资争端的效率、知识产权保护和司法独立性5个二级指标。

第三，金融服务效率指标，该指标用来衡量一国的金融环境发展状况，一国的金融体制越完善，企业融资与贷款越便利，越有利于企业开展国际投资活动。该指标下引入金融服务的便利性、风险资本的可用性、银行稳定性、贷款的可获得性及资本市场的融资能力5个二级指标。

第四，商业投资环境指标，该指标用来衡量一国吸引外商投资具备的基本条件，得分越高，说明该国吸引外资的基本条件越成熟，有利于降低跨国企业的投资成本，负指标则相反。该指标包括投资的审批程序、投资审批时间、FDI规则对投资的影响、国内市场规模指数及人才的有效利用5个二级指标。

第二节 基于主成分分析法的投资便利化水平综合评价模型确定

一、数据来源与处理

在构建上述投资便利化指标体系的基础上，在选取测评国家对象时，由于土库曼斯坦和乌兹别克斯坦两个国家数据不完整，缺少某些年份的相关指标数据，因而中亚五国中，只能选取哈萨克斯坦、吉尔吉斯斯坦和塔吉克斯坦三国作为测评对象。考虑到中亚国家都属于丝绸之路经济带沿线国家，因此，为了更加方便地对比中亚国家和沿线其他国家投资便利化水平之间的差距，本章另外选取丝绸之路经济带沿线其他国家作为对比进行测算分析。限于数据的可获得性和完整性，本文选取有数据支撑的俄罗斯、巴基斯坦、印度、蒙古国、土耳其、沙特阿拉伯、伊朗、阿塞拜疆、格鲁吉亚、亚美尼亚、法国、德国、英国、意大利、比利时、荷兰、乌克兰、摩尔多瓦、西班牙、瑞典、奥地利、波兰共22 个国家作为参照对象国，并划分为东亚、南亚、中亚、西亚、独联体和欧洲 6 个区域。因此，本章将对包括中国在内的丝绸之路经济带沿线共计 26 个国家的投资便利化水平进行测算分析。

在测算投资便利化水平的指标体系中，选取的 19 个二级指标数据选自世界经济论坛发布的 2013—2017 年《全球竞争力报告》（GCR）。指标体系包括正向指标和负向指标，一国正向指标得分越高，越有利于本国吸引外商直接投资，负向指标则影响结果相反。

为消除因基础指标量纲和取值范围不同带来的影响，本章借鉴目前大多数学者使用的处理方法，即对所有负向指标通过取倒数变换的方法，使其影响与正向指标相同；进一步对所有指标使用线性变化方法进行标准化处理，即将所有原始指标值除以该指标中的最大值，将所有二级指标标准化为 0 - 1 之间的数值，具体处理方法如下：

$$A_j = \frac{b_j}{b_j^{max}} \qquad (6-1)$$

其中，A_j 表示第 j 个二级指标标准化后的指标值，b_j 表示第 j 个二级指标的数值，b_j^{max} 表示 j 个指标中的最大值。通过该方法对所有二级指标标准化处理后，越接近 1 的数值表示该指标水平越高，接近零的数值则该指标水平越低。

二、指标体系权重的确定

在已有研究成果中，通过构建投资便利化指标体系确定权重的方法主要包括3种：一是算术平均法，即将所有指标通过简单的平均加总从而得到投资便利化指标值，直接赋予所有指标相应权重，该方法操作起来比较简单，但缺乏一定的严谨性和科学性。二是层次分析法，该方法通过建立层次结构，对比各指标之间的重要性和对一级指标影响大小程度赋予各个指标权重，该方法系统地将定性和定量分析相结合，得出各个指标的权重结果，但该方法主观性较强。三是主成分分析法，该方法主要通过对多个指标进行降维处理，提取少数几个主成分因子，每个主成分因子涵盖了原始指标中的大量信息，可以有效减少数据共线性问题，该方法对指标权重的确定有较强的合理性。因此，本文在前人研究的基础上，选用主成分分析法，使用 SPSS21.0 软件进行主成分分析，通过对多个指标进行降维处理，最终得到主因子得分和其对应的贡献率（见表6-2），提取得到三个主成分 Comp1、Comp2、Comp3。

表6-2　　　　　　　　　　主成分方差贡献率　　　　　　　　单位：%

方差贡献率 ＼ 年份	2013 年	2014 年	2015 年	2016 年	2017 年
Comp1	57.71	57.55	60.17	63	62.99
Comp2	12.56	13.24	12.89	13.35	12.70
Comp3	10.61	10.54	8.53	8.10	7.84
累计方差贡献率	80.88	81.33	81.59	84.45	83.53

根据主成分分析原理，只需提取特征值均大于1且累计方差贡献率大于80%的主成分，从表6-2得出的2013—2017年的主成分方差贡献率可知，本文提取的前3个主成分累计方差贡献率均超过80%。以2017年的数据为例，提取得到的3个主成分累计方差贡献率达到83.53%。提取的3个主成分表达式如下：

$$\text{Comp1} = 0.256R1 + 0.241R2 + 0.245R3 + 0.234R4 + 0.242I1 +$$
$$0.250I2 + 0.258I3 + 0.266I4 + 0.277I5 + 0.263F1 +$$
$$0.253F2 + 0.234F3 + 0.231F4 + 0.232F5 + 0.019E1 +$$
$$0.049E2 + 0.245E3 + 0.151E4 + 0.214E5 \qquad (6-2)$$

$$\text{Comp2} = 0.056R1 + 0.095R2 + 0.210R3 + 0.29R4 + 0.020I1 -$$
$$0.048I2 + 0.150I3 - 0.055I4 + 0.053I5 - 0.136F1 -$$
$$0.181F2 - 0.198F3 - 0.109F4 - 0.169F5 + 0.565E1 +$$
$$0.584E2 + 0.129E3 - 0.239E4 - 0.054E5 \qquad (6-3)$$

$$\text{Comp3} = 0.165R1 + 0.342R2 + 0.209R3 + 0.218R4 - 0.241I1 -$$
$$0.174I2 - 0.011I3 - 0.086I4 - 0.127I5 - 0.179F1 +$$
$$0.012F2 - 0.089F3 - 0.207F4 - 0.306F5 - 0.084E1 -$$
$$0.041E2 - 0.157E3 + 0.559E4 + 0.361E5 \qquad (6-4)$$

通过以上 3 个主成分系数构成可以得到综合评价指标模型的系数构成：分别用每个主成分指标的系数乘以所对应的贡献率，再除以 4 个主成分的累计贡献率，最后相加求和。通过计算，得出投资便利化综合评价模型如下：

$$\text{Comp}_{(2017)} = 0.217R1 + 0.228R2 + 0.236R3 + 0.228R4 + 0.163I1 +$$
$$0.165I2 + 0.217I3 + 0.184I4 + 0.205I5 + 0.161F1 +$$
$$0.164F2 + 0.138F3 + 0.138F4 + 0.121F5 +$$
$$0.092E1 + 0.122E2 + 0.190E3 + 0.130E4 +$$
$$0.187E5 \qquad (6-5)$$

在上述综合评价模型的基础上，对模型中的系数分别进行归一化处理，即运用模型中的各个系数分别除以所对应的所有系数之和，可以得到各二级指标的权重，各一级指标的权重则为其对应的所有二级指标的权重之和，由此可得到一级指标基础设施质量 R、制度环境 I、金融服务效率 F 和商业投资环境 E 的权重，具体 2013—2017 年各一级指标和二级指标权重如下表 6-3 所示。

表 6 - 3　　　　2013—2017 年投资便利化指标体系一二级指标权重

一级指标	二级指标	指标权重									
		2013 年		2014 年		2015 年		2016 年		2017 年	
基础设施质量（R）	R1	0.283	0.072	0.286	0.072	0.212	0.056	0.270	0.065	0.277	0.066
	R2		0.069		0.070		0.048		0.066		0.069
	R3		0.072		0.073		0.057		0.071		0.072
	R4		0.070		0.071		0.051		0.068		0.069
制度环境（I）	I1	0.321	0.055	0.323	0.052	0.347	0.071	0.299	0.056	0.284	0.050
	I2		0.059		0.058		0.070		0.056		0.050
	I3		0.077		0.078		0.069		0.068		0.066
	I4		0.062		0.064		0.067		0.055		0.056
	I5		0.068		0.071		0.070		0.064		0.063
金融服务效率（F）	F1	0.198	0.060	0.203	0.064	0.273	0.065	0.222	0.051	0.219	0.049
	F2		0.039		0.039		0.050		0.046		0.050
	F3		0.037		0.034		0.052		0.041		0.042
	F4		0.034		0.043		0.059		0.046		0.042
	F5		0.028		0.023		0.047		0.038		0.037
商业投资环境（E）	E1	0.198	0.026	0.189	0.023	0.168	0.024	0.209	0.029	0.220	0.028
	E2		0.042		0.040		0.031		0.038		0.037
	E3		0.053		0.047		0.069		0.061		0.058
	E4		0.030		0.029		0.008		0.028		0.040
	E5		0.047		0.050		0.036		0.053		0.057

　　通过上述对指标权重的确定，再分别用二级指标的权重乘以二级指标标准化后的规范值，运用加权求和的方法得到投资便利化的综合评价指数（TWIFI），以 2017 年为例，可以表示为如下式（6 - 6）所示：

$$TWIFI_{(2017)} = 0.066R1 + 0.069R2 + 0.072R3 + 0.069R4 + 0.050I1 +$$
$$0.050I2 + 0.066I3 + 0.056I4 + 0.063I5 + 0.049F1 +$$
$$0.050F2 + 0.042F3 + 0.042F4 + 0.037F5 + 0.028E1 +$$
$$0.037E2 + 0.058E3 + 0.040E4 + 0.057E5 \qquad (6 - 6)$$

第三节 投资便利化水平测算与分析

一、投资便利化水平测算

将各个国家标准化后的指标值分别带入上述构建的投资便利化综合评价指数（TWIFI）模型中，通过计算，得到 2013—2017 年中国与中亚国家及丝绸之路经济带沿线共 26 个国家的投资便利化水平，如表 6-4 所示。

表 6-4   2013—2017 年中国和丝绸之路经济带沿线国家投资便利化水平

区域	国家	投资便利化综合评价指数（TWIFI）				
		2013 年	2014 年	2015 年	2016 年	2017 年
东亚	中国	0.707	0.717	0.705	0.713	0.738
中亚	哈萨克斯坦	0.611	0.613	0.636	0.629	0.605
	吉尔吉斯斯坦	0.459	0.490	0.517	0.493	0.515
	塔吉克斯坦	0.566	0.557	0.620	0.627	0.627
西亚	伊朗	0.591	0.568	0.556	0.573	0.600
	沙特阿拉伯	0.801	0.784	0.779	0.751	0.753
	土耳其	0.728	0.711	0.685	0.681	0.700
东亚	蒙古国	0.511	0.517	0.534	0.519	0.523
南亚	巴基斯坦	0.586	0.578	0.568	0.558	0.597
	印度	0.674	0.640	0.663	0.700	0.719
独联体	俄罗斯	0.558	0.589	0.589	0.590	0.622
	乌克兰	0.502	0.518	0.514	0.514	0.557
	阿塞拜疆	0.651	0.649	0.647	0.704	0.779
	亚美尼亚	0.639	0.628	0.623	0.641	0.645
	格鲁吉亚	0.687	0.698	0.701	0.704	0.688
	摩尔多瓦	0.493	0.502	0.508	0.491	0.511

续表

区域	国家	投资便利化综合评价指数（TWIFI）				
		2013 年	2014 年	2015 年	2016 年	2017 年
欧洲	意大利	0.627	0.617	0.607	0.637	0.644
	西班牙	0.728	0.713	0.699	0.727	0.746
	英国	0.869	0.872	0.891	0.893	0.905
	荷兰	0.901	0.904	0.902	0.903	0.932
	比利时	0.837	0.839	0.833	0.850	0.857
	法国	0.822	0.821	0.823	0.831	0.847
	德国	0.846	0.847	0.845	0.840	0.867
	波兰	0.638	0.659	0.670	0.668	0.667
	奥地利	0.801	0.797	0.798	0.803	0.809
	瑞典	0.897	0.868	0.885	0.910	0.902

二、投资便利化水平测算结果分析

（一）投资便利化水平测算结果层面

从表 6-4 的投资便利化水平测评结果来看，2013—2017 年，丝绸之路经济带沿线国家投资便利化水平整体差异较大。

从区域投资便利化水平来看，欧洲国家的投资便利化水平最高，一直居于沿线国家前列，其中尤以荷兰、瑞典、英国、德国等国家的投资便利化水平最高，测评值都在 0.9 左右。其后依次为西亚、中国、南亚、独联体、中亚、东亚，投资便利化水平最低的国家依次是摩尔多瓦、吉尔吉斯斯坦、蒙古国、乌克兰等国，投资便利化水平一直落后于其他沿线国家，而且测评值都在 0.55 以下。可见，中亚国家投资便利化水平远远低于欧洲和西亚区域的部分国家，也低于独联体大多数国家，仅仅高于东亚的蒙古国，投资便利化水平的区域分布不均衡现象比较显著。值得注意的是，区域内投资便利化水平分布不均衡的现象同样十分突出，以独联体国家为例，阿塞拜疆和格鲁吉亚的投资便利化水平近五年一直居于中等偏上，但同一地区的摩尔瓦多和乌克兰投资便利化水平则长期处于沿线国家末端，差距明显。区域内投资便利化水平高的国家也往往是该区域内经济实力较强的国家。

从国别投资便利化水平变动趋势来看，多数国家的投资便利化水平呈现逐年上升或波动上升的态势，但也有部分国家便利化程度不断下降。中国与中亚国家的投资便利化整体发展平稳，与中亚 3 个国家相比，中国的投资便利化水平最高，便利化水平由 2013 年的 0.707 上升到 2017 年的 0.738，低于大多数欧洲国家，但仅低于独联体的阿塞拜疆和西亚的沙特阿拉伯，高于其他区域所有国家，在研究的 26 个国家中处于偏中上水平。在中亚国家中，哈萨克斯坦 2013—2015 年投资便利化水平持续上升，相对处于领先地位，但 2016 年和 2017 年连续两年出现下滑，到 2017 年仅为 0.605，甚至低于塔吉克斯坦，在沿线 26 个国家中处于中等偏下或下等偏上水平；塔吉克斯坦投资便利化水平则整体处于上升态势，便利化水平由 2013 年的 0.566 上升到 2017 年的 0.627，在所有研究国家中处于中等偏下水平；吉尔吉斯斯坦投资便利化水平在 2013—2015 年处于直线上升态势，2016 年出现轻微回落后 2017 年恢复增长，在所选 3 个中亚国家中投资便利化水平一直最低。在丝绸之路经济带沿线国家中，英国、印度投资便利化水平处于直线上升态势，其余国家投资便利化水平稳中有升。

上述结果符合其内在理论机理，一国的投资便利化水平高低与该国的经济发展水平和对外开放程度有较大联系，经济发展水平和对外开放程度越高，对该国提升投资便利化水平促进作用越大，吸引外商直接投资的潜力就越大，反之则相反。

从时间维度来看，2013—2017 年各国家投资便利化水平变化各异。其中，俄罗斯、吉尔吉斯斯坦、塔吉克斯坦、印度投资便利化水平增长较为明显，俄罗斯便利化水平由 2013 年的 0.558 增长到 2017 年的

0.622，吉尔吉斯斯坦的便利化水平由 2013 年的 0.459 增长到 2017 年的 0.515，塔吉克斯坦便利化水平由 2013 年的 0.566 增加到 2017 年的 0.627，印度便利化水平由 2013 年的 0.674 增加到 2017 年的 0.719。此外，哈萨克斯坦的投资便利化水平则处于下降态势，哈萨克斯坦便利化水平由 2013 年的 0.611 增长到 2015 年的 0.636，随后在 2016 年和 2017 年逐渐下降，2017 年便利化水平仅为 0.605，低于 2013 年的便利化水平，巴基斯坦、蒙古国的投资便利化水平在 2013—2017 年虽有所提高，但增长幅度较小。

综上分析可知，在上述所测评的国家和地区中，不同国家或地区的投资便利化水平存在较大的差异。欧洲发达国家的投资便利化水平相对较高，中亚国家的投资便利化水平整体偏低，与发达国家相比有很大差距；从时间顺序上来看，各个国家投资便利化水平随年份变化也有较大差别，有的随时间逐年递增，有的几乎稳定不变，少数国家在个别年份出现轻微下滑。总的来说，中亚国家的投资便利化水平仍有较大的改善空间。

（二）投资便利化一级指标权重层面

从各项一级指标的权重（见图 6 - 1）可以看出，2013—2017 年这五年间，除了 2015 年之外，4 个一级指标的权重比较稳定，变化不大，相对较平衡，其中，制度环境和基础设施质量指标权重占比相对较大，说明这两项指标对中亚国家和丝绸之路经济带沿线国家的投资便利化水平影响最大，也是影响沿线各国吸引外资能力的主要因素，且基础设施的优化改进和制度环境的改善对于提升沿线各国投资便利化水平的重要性不断凸显。金融服务效率和商业投资环境指标权重占比相对较小，但是对中亚国家和丝绸之路经济带沿线国家的投资便利化水平的影响也不容忽视。2015 年比较特殊，制度环境指标权重占比明显大于其他指标权重，金融服务效率指标次之，基础设施质量和商业投资环境指标权重基本一致，是最小的。

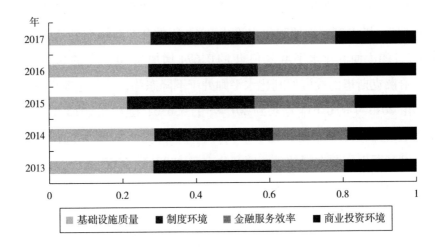

图6-1 2013—2017年丝绸之路经济带沿线国家投资便利化一级指标权重

(三) 投资便利化二级指标权重层面

在一级指标基础设施质量的二级指标（见图6-2）中，2013—2017年这五年间，公路、口岸、航空以及电力4个二级指标的权重除了在2015年整体出现明显下滑外，其他年份4个二级指标的权重整体都比较大，而且处于相对稳定状态，且权重相差不大，说明4个二级指标在各年份对基础设施质量的影响相对均衡。

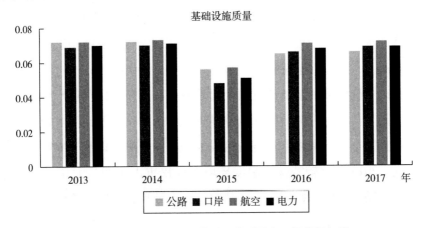

图6-2 2013—2017年基础设施质量各二级指标权重

在一级指标制度环境的二级指标（见图 6 - 3）中，2013—2017 年，政府政策透明度、法律解决投资争端效率、司法独立性和知识产权保护四项二级指标权重变化趋势相对一致，均在 2013—2015 年处于上升趋势，2016 年和 2017 年连续两年出现下降，而非正常支付和贿赂指标权重总体呈现逐年下降趋势；非正常支付和贿赂与知识产权保护 2 个指标权重在 5 个二级指标中占比一直最大，说明非正常支付和贿赂和知识产权保护是影响制度环境的重要指标，必须给予高度重视。

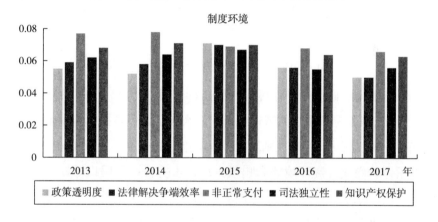

图 6 - 3　2013—2017 年制度环境各二级指标权重

在一级指标金融服务效率的二级指标（见图 6 - 4）中，2013—2017 年，金融服务便利性、资本市场融资能力、风险资本可用性、银行的稳健性、贷款的可获得性 5 个二级指标权重之间的差异整体趋于缩小。其中，金融服务便利性指标权重始终在波动中保持第一位，但是在经历了 2016 年的大幅下降后，相对优势已经大大降低。贷款的可获得性在 5 个二级指标权重中一直最小，但经历了先上升后下降的过程之后，其权重占比已经明显提高，与其他指标权重的差距大大缩小；银行的稳健性指标权重波动相对较大，2014 年和 2015 年连续两年大幅上升，权重占比升至第 2 位，随后出现下降趋势，2017 年又回到第 4 位；资本市场融资能力和风险资本可用性两个指标虽然经历了先上升后下降的波动，但权重一直比较接近，对金融服务效率指标均有着重要的影响作用。

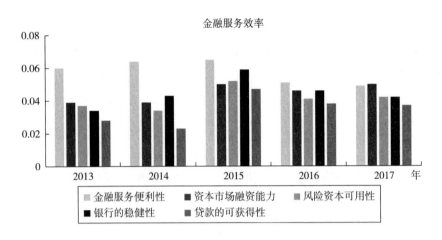

图 6 - 4 2013—2017 年金融服务效率各二级指标权重

在一级指标商业投资环境的二级指标（见图 6 - 5）中，2013—2017
年，5 个二级指标权重虽然普遍经历了较大波动，但各指标权重的排名一
直保持不变。其中，FDI 规则对投资影响指标的权重一直排在第一位，说
明该指标对商业投资环境的影响最大；人才的有效利用指标权重一直排
在第 2 位，除了在 2015 年出现下降之外，整体处于上升趋势；投资审批
时间指标权重先下降后又上升，占比略有下降，仅次于人才有效利用指
标权重之后，也应当予以高度重视；国内市场规模指标权重在 2015 年大
幅下降后，又连续两年大幅回升至五年中最高占比；投资审批程序指标
权重整体缓慢上升，波动较小，在 5 个二级指标权重中一直排在最后。

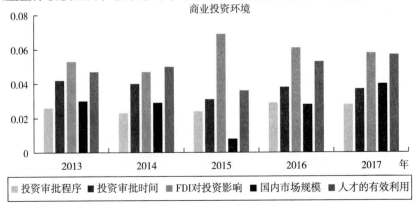

图 6 - 5 2013—2017 年商业投资环境各二级指标权重

综上可见，在 4 个一级指标各自细分下的二级指标中，航空设施质量、非正常支付和贿赂、金融服务的便利性和 FDI 规则对投资的影响 4 个二级指标相应的权重相对最高，是影响各一级指标的重要核心指标，重视对这些指标的改善是提高中亚各国投资便利化水平的关键。

第四节　中亚国家投资便利化
二级指标得分情况分析

一、横向比较分析

首先，根据世界经济论坛发布的 2017 年《全球竞争力报告》对丝绸之路经济带沿线 26 个国家投资便利化测评指标体系各二级指标得分情况进行整理，得出表 6 – 5，然后对中亚国家二级指标得分与中国、独联体国家和沿线 26 个国家进行比较分析。

从表 6 – 5 可知，2017 年在 4 个一级指标下，中亚国家哈萨克斯坦、吉尔吉斯斯坦、塔吉克斯坦三国的二级指标得分情况普遍低于中国二级指标得分和沿线 26 个国家平均得分；与独联体国家相比，在基础设施质量下的 4 个二级指标中，中亚国家均低于独联体国家平均水平，制度环境、金融服务效率和商业投资环境 3 个指标下的二级指标中，哈萨克斯坦和塔吉克斯坦得分普遍高于独联体国家平均水平，吉尔吉斯斯坦得分则处于最低水平，除二级指标银行的稳健性和贷款的可获得性两项指标得分高于独联体国家平均得分外，其他二级指标普遍低于独联体国家平均得分水平。由此可知，中亚国家在基础设施方面普遍相对较落后，也是制约其投资的重要因素，需要重点加强改善。

表6-5　　2017年中亚国家投资便利化水平二级指标得分情况分析　单位：名

一级指标	二级指标	哈萨克斯坦	吉尔吉斯斯坦	塔吉克斯坦	中国	独联体平均	沿线26个国家平均
基础设施质量	公路基础设施质量	2.9	2.7	4.1	4.6	3.4	4.3
	口岸基础设施质量	3.2	1.4	2.0	4.6	3.6	4.2
	航空基础设施质量	4.0	3.1	4.3	4.9	4.6	4.8
	电力通信基础设施	4.6	3.6	3.7	5.0	4.9	5.3
制度环境	政府政策的透明度	4.6	3.8	4.6	4.5	4.2	4.4
	法律解决投资争端效率	3.7	3.0	4.5	4.1	3.4	3.9
	非正常的支付和贿赂	3.8	2.8	4.2	4.5	4.0	4.6
	司法独立性	3.6	3.1	4.4	4.5	3.2	4.2
	知识产权保护	4.1	3.5	4.5	4.6	4.0	4.6
金融服务效率	金融服务便利性	3.8	3.8	4.2	4.4	3.9	4.3
	资本市场融资能力	2.9	2.9	3.0	4.5	2.8	3.8
	风险资本可用性	2.5	2.6	3.3	4.4	2.7	3.2
	银行的稳健性	3.8	4.1	4.3	4.5	3.8	4.5
	贷款的可获得性	3.4	3.7	4.1	4.5	3.7	4.0
商业投资环境	投资审批程序	5.0	4.0	5.0	9.0	3.5	6.0
	投资审批时间	9.0	10	22	28.9	5.1	11.5
	FDI 规则对投资影响	4.2	3.7	3.9	4.6	4.2	4.5
	国内市场规模	4.4	2.6	2.7	7.0	3.6	4.6
	人才的有效利用	3.9	3.3	4.3	4.7	4.0	4.3

资料来源：2018 年《全球竞争力报告》（GCR）。

二、纵向比较分析

（一）基础设施质量得分变动情况分析

从投资便利化水平测评体系中基础设施质量得分变动来看（见表6-6），2013—2017 年，中亚国家基础设施质量得分整体呈缓慢上升态势，2017 年较 2013 年得分明显增加；中国的基础设施质量得分在 2013—2016 年呈上升趋势，2017 年出现轻微下滑，但仍高于 2013 年；独联体国家基础设施质量平均得分在 2015 年减少 1 分后连续两年上升后也高于 2013 年；丝绸之路经济带沿线 26 个国家整体基础设施质量平均得分集中在 4.5 分和 4.6 分之间波动，2017 年与 2013 年持平，变动最小。从得分比较来看，中亚国家基础质量得分依次普遍低于中国、沿线 26 个国家平均得分水平和独联体国家，且与中国得分和沿线 26 个国家平均得分水平相差较大。但是从基础设施质量得分变动结果来看，2017 年与 2013 年相比，除了沿线 26 个国家平均得分没有变化之外，所有其他国家和经济体得分都有不同程度的上升。其中，中亚国家得分上升幅度最大，在中亚国家中，塔吉克斯坦得分上升幅度最大（0.7 分），吉尔吉斯斯坦次之（0.3 分），哈萨克斯坦得分上升最小（0.1 分）；其次是独联体国家，平均得分上升 0.2 分，中国得分只上升了 0.1 分，沿线 26 个国家平均得分没有变化。

表 6-6　2013—2017 年中亚国家基础设施质量得分变动情况分析　单位：分

国家	2013 年	2014 年	2015 年	2016 年	2017 年
哈萨克斯坦	3.6	3.6	3.7	3.7	3.7
吉尔吉斯斯坦	2.4	2.5	2.5	2.5	2.7
塔吉克斯坦	2.8	2.9	3.3	3.5	3.5
中国	4.7	4.8	4.8	4.9	4.8
独联体国家平均	3.9	3.9	3.8	3.9	4.1
沿线 26 个国家平均	4.6	4.5	4.5	4.5	4.6

资料来源：2013—2017 年《全球竞争力报告》（GCR）。

（二）制度环境得分变动情况分析

从制度环境得分变动情况来看（见表 6-7），中亚国家中哈萨克斯坦制度环境得分在 4 分上下波动，吉尔吉斯斯坦和塔吉克斯坦得分则处于直线上升态势；中国和独联体国家得分情况在 2013—2015 年保持相对稳定状态，2016 年开始得分持续上升；沿线 26 个国家的平均得分总体小幅上升。从得分比较来看，哈萨克斯坦、吉尔吉斯斯坦、塔吉克斯坦三国在制度环境得分方面均低于中国和沿线 26 个国家平均得分，但哈萨克斯坦和坦吉克斯坦得分均高于独联体国家平均得分，吉尔吉斯斯坦则一直处于落后状态，得分低于独联体国家平均得分。从得分变动结果来看，2017 年与 2013 年相比，除了哈萨克斯坦制度环境得分略有下降外，所有其他国家和经济体得分都有不同程度的上升。其中，中亚国家得分总体上升幅度最大，在中亚国家中，塔吉克斯坦得分上升幅度最大（0.7 分），吉尔吉斯斯坦次之（0.4 分），哈萨克斯坦得分则略有下降（0.1 分）；其次是独联体国家，平均得分上升 0.3 分，中国得分只上升了 0.2 分，沿线 26 个国家平均得分上升最少（0.1 分）。综上分析，中亚国家在制度环境方面仍有较大提升空间，应重视制度环境质量建设，为国际投资提供有力保障，从而提高投资便利化水平。

表 6-7　　　2013—2017 年中亚国家制度环境得分变动情况分析　　单位：分

国家	2013 年	2014 年	2015 年	2016 年	2017 年
哈萨克斯坦	4.1	3.9	4.1	4.3	4.0
吉尔吉斯斯坦	2.8	3	3.1	3.2	3.2
塔吉克斯坦	3.7	3.7	4.1	4.4	4.4
中国	4.2	4.2	4.2	4.3	4.4
独联体国家平均	3.5	3.5	3.5	3.6	3.8
沿线 26 个国家平均	4.2	4.1	4.2	4.3	4.3

资料来源：2013—2017 年《全球竞争力报告》（GCR）。

（三）金融服务效率得分变动情况分析

从金融服务效率得分变动情况来看（见表 6-8），哈萨克斯坦得分变动在 2014 年增加之后，在 2016—2017 年出现下滑，吉尔吉斯斯坦和塔吉克斯坦则处于直线上升态势。中国的得分除在 2015 年出现下滑之后又稳步上升；独联体国家平均得分情况相对稳定，2013—2016 年得分稳定在 3.2 不变，2017 年上升为 3.4；沿线 26 个国家平均得分变动整体呈上升态势。从得分总体比较来看，中亚国家金融服务效率得分整体依次低于中国和沿线 26 个国家得分情况，与独联体国家相比，哈萨克斯坦和塔吉克斯坦得分高于独联体平均水平，吉尔吉斯斯坦得分相对落后。从得分变动结果来看，2017 年与 2013 年相比，除了哈萨克斯坦得分略有下降外（-0.2 分），所有其他国家和经济体金融服务效率得分都有不同程度的上升。其中，中亚国家得分总体上升幅度最大，在中亚国家中，吉尔吉斯斯坦得分上升幅度最大（0.8 分），塔吉克斯坦次之（0.3 分），哈萨克斯坦得分则略有下降（-0.2 分）；其后依次是中国（0.4 分），沿线 26 个国家（0.3 分），独联体国家平均（0.2 分）。

表 6 - 8   2013—2017 年中亚国家金融服务效率得分变动情况分析 单位：分

国家	2013 年	2014 年	2015 年	2016 年	2017 年
哈萨克斯坦	3.5	3.6	3.6	3.5	3.3
吉尔吉斯斯坦	2.6	2.9	3.0	3.2	3.4
塔吉克斯坦	3.5	3.6	3.7	3.8	3.8
中国	4.1	4.4	4.1	4.3	4.5
独联体国家平均	3.2	3.2	3.2	3.2	3.4
沿线 26 个国家平均	3.7	3.7	3.8	4.0	4.0

资料来源：2013—2017 年《全球竞争力报告》（GCR）。

（四）商业投资环境得分变动情况分析

从商业投资环境得分来看（见表 6 - 9），中亚国家得分普遍都高于独联体国家平均得分，但远低于中国得分，略低于沿线 26 个国家平均得分，说明在商业投资环境指标上，中亚国家好于独联体国家，但远远落后于中国。在中亚国家内部，塔吉克斯坦商业投资环境指标得分一直远高于哈萨克斯坦，但由于得分在波动中下降，差距缩小；哈萨克斯坦得分次之，且得分也有所下降；吉尔吉斯斯坦得分一直最低，但有较大提高。从商业投资环境得分变动结果来看，2017 年与 2013 年相比，除了吉尔吉斯斯坦该指标有小幅上升（0.5分）之外，所有其他国家和经济体该指标都有不同程度的明显下降。其中，塔吉克斯坦下降2.6分，哈萨克斯坦下降2.1分；其后依次是沿线26国下降1.8分，中国下降1.6分，独联体国家平均下降1.5分。由此可见，中国在商业投资环境指标上，中国最优，沿线26个国家次之，塔吉克斯坦和哈萨克斯坦居中，最差的是吉尔吉斯斯坦和俄罗斯；近5年，几乎所有国家和经济体商业投资环境都有所恶化，必须引起高度重视。

表6-9　2013—2017年中亚国家商业投资环境得分变动情况分析　单位：分

国家	2013 年	2014 年	2015 年	2016 年	2017 年
哈萨克斯坦	7.4	6.1	5.7	4.3	5.3
吉尔吉斯斯坦	4.2	3.9	3.9	4.7	4.7
塔吉克斯坦	10.2	9.6	10.7	5.1	7.6
中国	12.4	12.4	11.7	11.7	10.8
独联体国家平均	5.6	5.0	4.7	3.9	4.1
沿线26个国家平均	8.0	7.7	7.4	6.8	6.2

资料来源：2013—2017年《全球竞争力报告》（GCR）。

第七章

中亚国家投资便利化对中国的投资与贸易效应

投资便利化对于吸引外资的影响的研究由来已久，"一带一路"倡议提出后，国内学者逐渐将研究视角聚集于"一带一路"沿线地区。部分学者们构建不同的投资便利化指标体系，测度中国与"一带一路"沿线国家的投资便利化水平，在此基础上拓展研究沿线国家投资便利化水平对中国对外直接投资的影响（张亚斌，2016；乔敏健，2019；廖佳、潘春阳、雷平，2020），研究发现，"一带一路"沿线国家投资便利化水平显著促进了中国在沿线国家的投资。部分学者们从另外一个角度，研究贸易投资便利化水平对中国出口贸易的影响，如（林志帆，2016；崔日明，黄英婉，2017；王丽萍、王晶晶、王琴，2020），研究发现中国对外直接投资偏向出口效应，发展中国家的出口效应大于发达国家。

中亚国家是"一带一路"倡议涵盖区域中的重要环节，近年来学者们开始关注中亚国家的投资便利化水平（韩东，2015；王珏、黄光灿，2016；汪泰、陈俊华，2020），通过构建不同的指标体系，测度中亚国家的投资便利化水平，据此提出相关政策建议促进投资便利化水平的提升。总体而言，中亚国家投资便利化水平研究相对落后于整体研究水准，缺乏更进一步的深入研究，如探讨中亚国家投资便利化水平对于中国对外直接投资的影响，以及对中国出口贸易、进口贸易的影响。本章拟在测度中国和中亚国家投资便利化水平的前提下，实证研究中亚国家投资便利化水平对中国的经济效应分析。

本章的结构安排如下：第一，在前文测度中亚国家投资便利化水平的基础上，运用扩展贸易引力模型研究中亚国家投资便利化水平对中国对外直接投资的影响；第二，依据前义测度数据，运用扩展贸易引力模型实证分析中亚国家投资便利化水平对中国出口贸易和进口贸易的影响。

第一节　中亚国家投资便利化
对中国对其直接投资的影响

一、模型构建与数据来源

引力模型在经济学中常被用于贸易影响因素分析，一般而言，两国经贸合作与两国 GDP 成正比，与两国地理距离成反比。本书根据中国对中亚国家直接投资的主要影响因素，在传统贸易引力模型的基础上，引入投资便利化水平、关税等解释变量，构建拓展引力模型研究中亚国家投资便利化水平对中国对外直接投资的经济效应。拓展引力模型如下：

$$\ln\text{OFDI}_{ijt} = \beta_0 + \beta_1\ln\text{GDP}_{j\,t} + \beta_2\ln\text{Dist}_{ijt} + \beta_3\ln\text{Tariff}_{jt} + \beta_4\ln\text{TWIFI}_{jt} + u_{ijt}$$

$$(7-1)$$

其中，因变量 OFDI_{ijt} 表示中国对于 j 国的投资存量，以规避中国对中亚国家投资流量负值和零值的影响；GDP_{jt} 表示 j 国的国内生产总值；POP_{jt} 表示 j 国人口总量；Dist_{ijt} 表示两国首都间的地理距离；Tariff_{jt} 表示 j 国关税水平；TWIFI_{jt} 表示 j 国投资便利化水平；u_{ijt} 为随机扰动项；i 表示中国，j 表示东道国中亚国家，t 表示时间。根据上一章对中亚国家投资便利化水平测评的情况，模型选取 2013—2017 年中国与哈萨克斯坦、吉尔吉斯斯坦和塔吉克斯坦面板数据进行分析，解释变量理论含义和数据来源如表 7-1 所示。

表 7-1　　　　　　　　解释变量含义、预期符号与数据来源

解释变量	理论含义	预期符号	理论说明	数据来源
GDP	j 国的市场规模	+	一国经济规模越大，贸易和投资需求越大	WORD BANK
Dist	中国与 j 国首都距离	−	两国地理距离越远，贸易投资成本可能越高	CEPII

续表

解释变量	理论含义	预期符号	理论说明	数据来源
TWIFI	j 国投资 便利化水平	+	投资便利化水平有利于降低投资成本，吸引外商直接投资	前文测度
Tariff	j 国平均 关税水平	不确定	关税水平越高越可能发生直接投资替代贸易	《全球竞争力报告》

二、实证分析

本文运用 Stata15.1 软件，基于 2013—2017 年中国与中亚国家面板数据对公式（7-1）进行估计，模型计量结果如表 7-2 所示：表 7-2 中列（1）、（2）、（3）和（4）分别为未加入控制变量的 OLS 回归、固定效应、随机效应和广义最小二乘法的估计结果。投资便利化水平均在 95% 显著水平上显著，表明中亚国家投资便利化水平显著促进了中国的对外直接投资。

在固定模型和随机模型选择上，通常运用 Hausman 检验来确定，Hausman 检验结果如表 7-3 所示：Hausman 检验 p 值为 0.9262 > 0.1，故接受原假设。所以认为模型设定随机效应（RE）优于固定效应（FE），对比随机效应模型和广义最小二乘法，发现随机模型各变量对被解释变量拟合程度更好，最终确定模型使用随机模型，并由此得出式（7-2）。

$$\ln OFDI = 43.594 + 0.214 \ln GDP - 5.260_2 \ln Dist - 0.321 \ln Tariff + 4.037 \ln TWIFI \quad (7-2)$$

表 7-2 引力模型回归结果

	（1）	（2）	（3）	（4）
	lnofdi	Lnofdi（FE）	Lnofdi（RE）	Lnofdi（FGLS）
lntwifi	3.432 ** （2.54）	5.174 *** （2.35）	4.037 *** （3.01）	4.037 ** （3.01）

续表

	（1）	（2）	（3）	（4）
	lnofdi	Lnofdi （FE）	Lnofdi （RE）	Lnofdi （FGLS）
lntriff		−0.537	−0.321	−0.321
		（−0.63）	（−0.80）	（−0.80）
lndistance	—	—	−5.260 ***	−5.260 ***
			（−3.21）	（−3.21）
lngdp	—	0.648	0.214 *	0.214
		（0.97）	（1.75）	（1.75）
_cons	6.182 **	−11.398	43.594 ***	43.594 **
	（2.54）	（−0.63）	（3.05）	（3.05）
Obs.	15	15	15	15
R − squared	0.3379	0.8763	0.9580	—

注：*、**、*** 分别表示在10%、5%、1%的显著水平下通过检验。

模型回归结果显示，投资便利化水平、地理距离、东道国 GDP 三个变量均在90%的显著水平上显著，关税未通过90%显著水平检验。表明在其他变量不变的情况下，中亚国家投资便利化水平每提升1%，中国对该国直接投资额增加4.037%；中国与中亚国家地理距离每增加1%，中国对该国直接投资额减少5.260%；中亚国家 GDP 每提升1%，中国对该国直接投资额增加0.214%；而中亚国家关税水平每提升1%，对中国对其直接投资额减少0.321%，说明其影响为负，但不显著。

表 7 - 3　　　　　　　　　　豪斯曼检验结果

	—— Coefficients ——			
	（b）	（B）	（b − B）	sqrt （diag （V_b − V_B））
	fe	re	Difference	S. E.
lngdpj	0.6480929	0.2144295	0.4336634	0.6351061
Lntriff	−0.5365299	−0.3214707	−0.2150593	0.3149573
lntwifi	5.173958	4.037076	1.136882	1.664979
_cons	−11.39812	43.59398	−54.9921	10.19588
	Prob > chi2 = 0.9262			

三、模型检验

White 检验。如果模型设定存在异方差，会导致模型估计结果出现偏误，即模型估计不再 BLUE。本章运用 White 检验对模型设定进行异方差检验，White 检验 p 值为 0.3782 > 0.1，故不拒绝原假设，即模型设定不存在异方差。

Ramsey 检验。如果模型设定遗漏了重要解释变量，会导致模型可信度存疑。本文运用 Ramsey 检验对模型设定进行遗漏变量检验，Ramsey 检验 p 值为 0.1035 > 0.1，故不拒绝原假设，即模型未遗漏相关变量。

统计检验。模型拟合优度 $R^2 = 0.9580$，表明模型整体结果拟合程度较好，解释变量投资便利化水平、东道国平均关税水平、地理距离和东道国 GDP 对被解释变量 OFDI 的 95.8% 作出了解释。t 统计量检验从表（2）回归结果可以看出，各个解释变量的 t 值分别为 3.01、−0.80、−3.21、1.75，除东道国平均关税水平为通过显著性检验外，其余 t 值均通过 90% 统计意义检验，表明模型各个解释变量对被解释变量 OFDI 解释程度较好。

四、结果分析

投资便利化水平。回归模型可以看出，在其他变量保持不变的前提下，投资便利化水平在 1% 的显著水平上显著为正，中亚国家投资便利化水平每提升 1%，中国对该国直接投资额增加 4.037%。中亚国家投资便利化水平越高，意味着中亚国家投资环境越好，中国对其投资成本就越低，也就越容易吸引中国的投资。

东道国关税水平。中亚国家关税水平对中国对其直接投资的影响不显著,未通过显著性检验,表明关税并不是中国对该地区投资的主要影响因素。一般而言,关税是影响贸易的重要因素,在模型中显示中亚国家关税并不是影响中国对外直接投资的显著因素之一。

地理距离。地理距离系数显著为负,中国与中亚国家地理距离每增加1%,中国对该国直接投资额减少5.260%。表明中亚国家与中国距离越近越容易吸引中国投资,与中国距离越近,投资成本越少,相对应发生投资风险的可能相对较小;反之,距离越远,投资成本越高,发生投资风险的可能性就越大。

东道国GDP。中亚国家GDP系数为正,中亚国家GDP每提升1%,中国对该国直接投资额增加0.214%。中亚国家GDP越大,意味着该国经济发展水平越好,对于资金的需求量就越大,同时也意味着该国投资环境也相对较好,就越容易吸引中国的投资。

第二节　中亚国家投资便利化
对中国出口贸易的影响

一、模型构建与数据来源

引力模型在经济学中常被用于贸易影响因素分析,一般而言,两国经贸合作与两国GDP成正比,与两国地理距离成反比,在此基础上引入投资便利化水平、对外直接投资、东道国人均GDP等解释变量来研究中亚国家投资便利化水平对中国出口贸易的影响。模型构建如式(7-3)所示。

$$\ln EX_{ijt} = \beta_0 + \beta_1 \ln PEGDP_{jt} + \beta_2 \ln OFDI_{jt} + \beta_3 \ln Dist_{ijt} + \beta_4 \ln TWIFI_{jt} + u_{ijt}$$

$$(7-3)$$

其中，因变量 EX_{ijt} 表示中国对于 j 国的出口，自变量 $PEGDP_{jt}$ 表示 j 国人均 GDP；POP_{jt} 表示 j 国人口总量；$OFDI_{ijt}$ 表示中国对于 j 国的投资存量，以规避中国对中亚国家投资流量负值和零值的影响；$Dist_{ijt}$ 表示两国首都间的地理距离；$TWIFI_{jt}$ 表示 j 国投资便利化水平；u_{ijt} 为随机扰动项；i 表示中国，j 表示东道国中亚国家，t 表示时间。模型选取 2013—2017 年中国与哈萨克斯坦、吉尔吉斯斯坦和塔吉克斯坦面板数据进行分析，解释变量理论含义及数据来源如表7-4所示。

表7-4 解释变量含义、预期符号与数据来源

解释变量	理论含义	预期符号	理论说明	数据来源
PEGDP	j 国的人均收入水平	+	一国人均收入水平越高，贸易需求量就越大	WORD BANK
OFDI	中国对 j 国直接投资	不确定	投资一方面会促进贸易的发展，一方面也会对贸易产生替代作用	《中国对外直接投资公报》
Dist	中国与 j 国的首都距离	−	两国地理距离越远，贸易投资成本可能越高	CEPII
TWIFI	j 国投资便利化水平	−	投资便利化水平有利于降低投资成本，吸引外商直接投资，会对贸易产生替代作用	前文测度

二、实证分析

本节运用 Stata15.1 软件，基于 2013—2017 年中国与中亚国家面板数据对式（7-3）进行估计，模型计量结果如表7-5所示：表7-5中列（1）、（2）、（3）和（4）分别为未加入控制变量的 OLS 回归、固定效应、随机效应和广义最小二乘法的估计结果。列（1）和列（2）投资便利化水平均未通过 90% 显著水平检验，表明中亚国家投资便利化水平未显著促进中国对中亚国家出口贸易的增长；列（3）和列（4）投资便利化水平均在 95% 显著水平上通过显著性检验；表明中亚国家投资便利化水平显著促进了中国对其出口贸易的增长。

表 7 - 5 引力模型回归结果

	(1)	(2)	(3)	(4)
	Lnex	Lnex (FE)	Lnex (RE)	Lnex (FGLS)
lntwifi	-0.1627	-2.040	-2.551**	-2.551**
	(-0.08)	(-1.75)	(-2.73)	(-2.73)
Lnofdi		0.177	0.159	0.159
		(1.00)	(0.92)	(0.92)
lndistance	—	—	-2.638*	-2.638*
			(-1.95)	(-1.95)
Lnpergdp	—	0.588*	0.398***	0.398***
		(2.19)	(3.88)	(3.88)
_cons	22.529***	19.089***	43.251***	43.251***
	(6.71)	(5.53)	(3.82)	(3.82)
Obs.	15	15	15	15
R - squared	0.0005	0.8763	0.9797	—

注: *、**、*** 分别表示在 10%、5%、1% 的显著水平下通过检验。

在固定模型和随机模型选择上，通常运用 Hausman 检验来确定，Hausman 检验结果如表 7 - 6 所示：Hausman 检验 p 值为 0.8928 > 0.1，故接受原假设。所以认为模型设定随机效应（RE）优于固定效应（FE），对比随机效应模型和广义最小二乘法，发现随机模型各变量对被解释变量拟合程度较好，最终确定模型使用随机模型，并由此得出式（7 - 4）。

$$lnEX = 43.251 + 0.398lnPERGDP - 2.638lnDist + 0.159lnOFDI -$$
$$2.551lnTWIFI \qquad (7 - 4)$$

模型回归结果表明，投资便利化水平、地理距离、东道国人均 GDP 3 个变量均通过 90% 的显著水平检验，对外直接投资未通过 90% 显著水平检验。表明在其他变量不变的情况下，中亚国家投资便利化水平每提升 1%，中国对该国出口减少 2.551%，说明中亚国家投资便利化水平对中国对其出口贸易起负向作用；中国与中亚国家地理距离每增加 1%，中国对该国出口减少 2.638%；中亚国家人均 GDP 每提升 1%，中国对该国出口增加 0.398%，影响不显著；中国对中亚国家直接投资每提升 1%，中国对该国出口增加 0.159%，说明中国对中亚国家直接投资对我国出口的正向作用不显著。

表 7 - 6　　　　　　　　　　豪斯曼检验结果

	(b)	(B)	(b − B)	sqrt (diag (V_b − V_B))
	fe	re	Difference	S. E.
Lnpergdpj	0.5882939	0.3980695	0.1902244	0.2424372
Lnofdi	0.177304	0.159149	0.018155	0.0231382
lntwifi	− 2.040345	− 2.551332	0.5109876	0.6512437
_cons	19.08853	43.25109	− 24.16256	—
		Prob > chi2 = 0.8928		

—— Coefficients ——

三、模型检验

White 检验。如果模型设定存在异方差，会导致模型估计结果出现偏误，即模型估计不再 BLUE。本章运用 White 检验对模型设定进行异方差检验，White 检验 p 值为 0.3782 > 0.1，故不拒绝原假设，即模型设定不存在异方差。

Ramsey 检验。如果模型设定遗漏了重要解释变量，会导致模型可信度存疑。本章运用 Ramsey 检验对模型设定进行遗漏变量检验，Ramsey 检验 p 值为 0.4790 > 0.1，故不拒绝原假设，即模型不存在遗漏相关变量。

统计检验。模型拟合优度 $R^2 = 0.9797$，表明模型整体结果拟合程度较好，解释变量投资便利化水平、对外直接投资、地理距离和东道国人均 GDP 对被解释变量 EX 的 97.97% 作出了解释。t 统计量检验从表（2）回归结果可以看出，各个解释变量的 t 值分别为 − 2.73、0.92、− 1.95、3.88，除中国对外直接投资未通过显著性检验外，其余 t 值均通过 90% 统计意义检验，说明模型各个解释变量对被解释变量 EX 解释程度较好。

四、结果分析

投资便利化水平。回归模型可以看出，在其他变量保持不变的前提下，投资便利化水平在5%的显著水平上显著为正，中亚国家投资便利化水平每提升1%，中国对该国出口减少2.551%。中亚国家投资便利化水平越高，意味着中亚国家投资环境越好，就越容易吸引外商投资，从而对中国的出口产生了替代效应。

直接投资。中国对中亚国家直接投资的影响不显著，未通过10%显著性检验，表明中国对外直接投资并不是中国对该地区出口增加的主要影响因素。一般而言，对外直接投资一方面会促进出口，另一方面也会对出口产生替代作用，直接投资的贸易效应应根据实际情况来定，在模型中显示直接投资对中国出口的影响不显著。

地理距离。地理距离系数显著为负，表明中国与中亚国家地理距离每增加1%，中国对该国出口减少2.638%。中亚国家与中国距离越远，贸易成本越高，两国发生贸易的可能性越小，反之则越大。地理距离对中国的出口产生显著的负影响。

中亚国家人均GDP。人均GDP系数显著为正，表明中亚国家GDP每提升1%，中国对该国出口增加0.398%。中亚国家人均GDP越大，意味着该国人均收入水平越高，对国外产品需求量就越大，有利于促进中国的出口。

第三节　中亚国家投资便利化
对中国进口贸易的影响

上一节研究结果表明，中亚国家投资便利化水平对中国的出口产生了替代效应，显著阻碍了中国对其出口贸易的增长。为了更深入全面地研究中亚国家投资便利化水平的贸易效应，在出口效应的基础上，本节对中亚国家投资便利化水平对中国对其进口贸易的影响也进行了研究。

一、模型构建与数据来源

引力模型在经济学中常被用于贸易影响因素分析，一般而言，两国经贸合作与两国 GDP 成正比，与两国地理距离成反比，在此基础上引入投资便利化水平、对外直接投资等解释变量来研究中亚国家投资便利化水平对中国对其进口贸易的影响。模型构建如式（7-5）所示。

$$\ln IM_{ijt} = \beta_0 + \beta_1 \ln GDP_{it} + \beta_2 \ln POP_{it} + \beta_3 \ln Dist_{ijt} + \beta_4 \ln TWIFI_{jt} + u_{ijt}$$

$$(7-5)$$

其中，因变量 IM_{ijt} 表示中国对于 j 国的进口，自变量 GDP_{it} 表示 i 国的国内生产总值；POP_{it} 表示 i 国人口总量；$Dist_{ijt}$ 表示两国首都间的地理距离；$TWIFI_{jt}$ 表示 j 国投资便利化水平；u_{ijt} 为随机扰动项；i 表示中国，j 表示东道国中亚国家，t 表示时间。模型选取 2013—2017 年中国与哈萨克斯坦、吉尔吉斯斯坦和塔吉克斯坦面板数据进行分析，解释变量理论含义及数据来源如表 7-7 所示。

表 7-7　　　　　　　解释变量含义、预期符号与数据来源

解释变量	理论含义	预期符号	理论说明	数据来源
GDP	i 国国内生产总值	+	一国国内生产总值越高，对国外产品需求量越大	WORD BANK
POP	中国人口数量	不确定	一方面人口越多市场越大，另一方面也可能会降低对国外产品需求	WORD BANK
Dist	中国与 j 国的首都距离	不明显	哈吉塔三国与中国接壤，且中国进口三国产品主要为矿产能源	CEPII
TWIFI	j 国投资便利化水平	-	投资便利化水平有利于降低投资成本，吸引外商直接投资，会对贸易产生替代作用	前文测度

二、实证分析

本节运用 Stata15.1 软件，基于 2013—2017 年中国与中亚国家面板数据对公式（7-5）进行估计，模型计量结果如表 7-8 所示：表 7-8 中列（1）、（2）、（3）和（4）分别为未加入控制变量的 OLS 回归、固定效应、随机效应和广义最小二乘法的估计结果。列（1）、（2）、（3）和（4）投资便利化水平均未通过 90% 显著水平检验，表明东道国投资便利化水平未显著促进中国进口贸易的增长。

表 7-8　　　　　　　　　　　　引力模型回归结果

	（1）	（2）	（3）	（4）
	Lnim	Lnim（FE）	Lnim（RE）	Lnim（FGLS）
lntwifi	11.1087 ***	0.4141	0.6575	0.6575
	(2.13)	(0.17)	(0.05)	(0.38)
Lngdpi		1.9694 ***	1.8442 ***	1.8442 ***
		(3.14)	(4.34)	(5.31)
lnpopi	—	-0.3604	-1.3141	-1.3141
		(-0.10)	(-0.87)	(-1.07)
lndistance	—	—	-0.6409	-0.6409
			(-0.30)	(-0.37)
_cons	0.2126	-22.3099	0.8256	0.8256
	(0.02)	(-0.35)	(0.05)	(0.06)
Obs.	15	15	15	15
R-squared	0.2590	0.9956	0.9921	—

注：*、**、*** 分别表示在 10%、5%、1% 的显著水平下通过检验。

在固定模型和随机模型选择上，通常运用 Hausman 检验来确定，Hausman 检验结果如表 7-9 所示：Hausman 检验 p 值为 0.9932 > 0.1，故接受原假设。所以认为模型设定随机效应（RE）优于固定效应（FE），对比随机效应模型和广义最小二乘法，发现随机模型各变量对被解释变量拟合程度较好，最终确定模型使用随机模型，并由此得出式（7-6）。

$$\ln IM = 0.8256 + 1.8442\ln GDP - 1.3141\ln POP - 0.6409\ln Dist +$$
$$0.6575\ln TWIFI_{jt} + u_{ijt} \qquad (7-6)$$

模型回归结果表明，投资便利化水平、地理距离、人口总量三个变量均未通过 90% 的显著水平检验，只有 GDP 通过 90% 显著水平检验。在其他变量不变的情况下，中国 GDP 每增加 1%，则进口增加 1.8442%，说明中亚国家投资便利化水平对中国进口的影响不显著；中国人口总量和地理距离对中国进口的影响不显著。

表 7-9 豪斯曼检验结果

	(b)	(B)	(b - B)	sqrt（diag（V_b - V_B））
	fe	re	Difference	S. E.
lngdpj	1.969419	1.844215	0.1252038	0.4210708
lnpopj	-0.3604337	-1.314135	0.9537017	3.207379
lntwifi	0.4141393	0.6575058	-0.2433664	0.8184617
_cons	-22.30986	0.8256054	-23.13546	59.15077
Prob > chi2 = 0.9932				

三、模型检验

White 检验。如果模型设定存在异方差，会导致模型估计结果出现偏误，即模型估计不在 BLUE。本节运用 White 检验对模型设定进行异方差检验，White 检验 p 值为 0.3782 > 0.1，故不拒绝原假设，即模型设定不存在异方差。

Ramsey 检验。如果模型设定遗漏了重要解释变量，会导致模型可信度存疑。本节运用 Ramsey 检验对模型设定进行遗漏变量检验，Ramsey 检验 p 值为 0.6692 > 0.1，故不拒绝原假设，即模型不存在遗漏相关变量。

统计检验。模型拟合优度 $R^2 = 0.9921$，表明模型整体结果拟合程度较好，解释变量投资便利化水平、GDP、人口总量和地理距离对被解释变量 EX 的 99.21% 作出了解释。t 统计量检验从表（6）回归结果可以看出，各个解释变量的 t 值分别为 0.6575、1.8442、－1.3141、－0.6409，除 GDP 通过显著性检验外，其余 t 值未均通过 90% 统计意义检验。

四、结果分析

投资便利化水平。回归模型可以看出，在其他变量保持不变的前提下，投资便利化水平未通过 10% 的显著水平检验，东道国投资便利化水平越高，对中国的进口未有显著影响。表明中亚国家投资环境越好，在吸引外商直接投资方面有较好的效果，但对于提升中国对中亚进口商品的能力却未有显著提升。

东道国 GDP。回归模型可以看出，在其他变量保持不变的前提下，中国 GDP 通过 10% 的显著水平检验，且系数显著为正，表明中国 GDP 每提升 1%，中国对该国进口增加 1.844%。中国 GDP 数值越大，表明经济实力越强，中国对国外产品需求量就越大，有利于中国扩大进口。

人口总量。回归模型可以看出，在其他变量保持不变的前提下，人口总量未通过 10% 的显著水平检验，表明中亚国家人口数量对于中国进口的影响不显著。一般而言，一方面，人口越多意味着市场越大，有利于出口增加；但另一方面，人口数量越大，意味着人均收入则越低，反而不利于进口增加，人口对于进口的影响不确定，印证了前文的预期。

地理距离。地理距离系数为负但未通过显著性检验，表明在其他变量不变的前提下，地理距离不是影响中国进口的主要因素。可能的原因如下：首先，中国与哈萨克斯坦、吉尔吉斯斯坦、塔吉克斯坦三国毗邻，相对来说缩短了国际运输距离。其次，中国从中亚国家进口商品结构基本稳定，主要是矿产和能源，尤其是油气资源主要是通过管道运输，模型中距离对于中国进口的影响不显著。最后，随着"一带一路"倡议的不断推进，中国通往中亚国家交通运输时间得到有效缩短，地理距离对于贸易的影响作用减弱。

第四节　主要结论

根据上述研究，本章的主要结论如下：

第一，中亚国家投资便利化水平对中国投资的影响。在其他变量不变的情况下，投资便利化水平显著促进中国对中亚国家的投资，东道国关税对中国投资的影响不显著；地理距离对中国投资产生显著的负影响；东道国 GDP 对中国投资产生显著的正影响。

第二，中亚国家投资便利化水平对中国出口的影响。在其他变量不变的情况下，投资便利化水平显著阻碍中国对中亚国家的出口；中国对外直接投资对我国出口的影响不显著；地理距离对中国出口产生显著的负影响；东道国人均 GDP 对中国出口产生显著的正影响。

第三，中亚国家投资便利化水平对中国进口的影响。在其他变量不变的情况下，投资便利化水平对中国从中亚国家进口的影响不明显；中国 GDP 对于进口产生显著的促进作用；中国人口总量、地理距离对于进口的促进作用不显著。

第八章

推动中国与中亚国家投资便利化的对策建议

通过前文的实证检验结果可知，中亚国家的投资便利化水平普遍偏低，其中，基础设施质量、制度环境、金融服务效率和商业投资环境四项测算投资便利化水平的一级指标均对便利化水平有着重要的影响，各个指标的变动均会引起投资便利化水平的变动。因此，本章依次根据4个一级指标及其二级指标的权重及得分（世界经济论坛《全球竞争力报告》）情况，结合前文对中亚国家投资便利化的法律基础现状、投资现状特点及影响因素的分析，分别从中亚国家和中国两个视角出发，提出若干提升中亚国家投资便利化水平进而促进中国直接投资的对策建议。此外，从构建多双边投资便利化法律体系角度提出提升中亚国家投资便利化水平的建议。

第一节　制度环境方面

从前文分析可知，"丝绸之路经济带"沿线国家的制度环境指标在投资便利化指标体系中的权重一直最高，对中亚各国的投资便利化水平影响显著。高效透明的制度环境作为一国显著的区位优势和投资间接诱发要素，能够有效降低中国企业在东道国搜寻信息、议价、决策、监督交易进行等各环节的交易成本，是吸引中国企业对其进行直接投资的重要保障。对外直接投资作为双边合作，投资国与东道国之间的沟通协调和机制建设以及合作至关重要，中国与中亚国家双方的共同推进必不可少，中国作为投资国也可根据同一国家不同指标与中国直接投资之间关联度的差异，重点促进关联度高的指标，更有针对性地提高中亚国家投资便利化水平，进而促进中国对中亚国家直接投资。

一、中亚：营造透明高效的制度环境，保障投资者权益

对于制度环境发展尚不健全的中亚国家，尤其是吉尔吉斯斯坦，政

府需要重视营造透明高效的制度环境，在准许或鼓励外国投资者进入的领域，中亚国家政府可以减少不必要的政府管制，简化审批程序，并给予一定的优惠政策，提升本国投资便利化水平，为吸引外资创造良好的投资环境。通过设立专门的投资管理机构，在官方平台或渠道及时、准确地发布外商投资政策和相关管理规定，为境外投资者提供专业的服务，提高解决投资争端的效率，重视维护本国商业规则，确保解决投资纠纷时做到司法独立与公平公正，为外国投资的安全提供必要的制度保障。

根据该一级指标制度环境项下的五项二级指标的权重分配可知，非正常的支付和贿赂权重最高，知识产权保护、司法独立性依次排第二和第三，政府制定政策的透明度和法律解决投资争端效率权重一致，也最小。这五项指标是在较长一段时期影响制度环境的主要因素，对投资便利化水平的正向影响最大。在权重最高的非正常的支付和贿赂这个指标上，中亚国家普遍得分较低，不仅远低于中国和沿线国家平均水平，也低于独联体国家平均水平，尤其是吉尔吉斯斯坦得分最低，其次是哈萨克斯坦，因此，中亚国家应该完善法律约束，加大反腐力度，净化投资环境，降低投资成本，为投资者创造公平竞争的投资环境。

二级指标中的知识产权保护和司法独立性对一国的制度环境建设影响重大，是影响中国对中亚国家直接投资的重要因素。中亚各国的司法独立性、对知识产权的保护力度都会直接影响中国对其直接投资的规模。从2017年这两个指标的得分上看（见表6-5），哈萨克斯坦得分虽然高于独联体平均得分，但低于中国和沿线26个国家平均得分，吉尔吉斯斯坦得分最低，而且差距较大。中亚国家需要进一步完善相关法制环境建设，出台适应投资新形势的法律法规，建设科学高效的法制体系；通过建立专门的投资法律监管部门和顾问部门，提高法律解决投资争端的效率；完善知识产权保护法，加强知识产权保护力度，做到司法独立、执法公正，推动本国投资便利化水平的不断提升。

二级指标中的政府制定政策的透明度和法律解决投资争端效率也是影响环境指标的重要因素。哈萨克斯坦和塔吉克斯坦在制定政策的透明度得分相对较高，略高于中国、独联体和沿线 26 个国家平均水平，但法律解决投资争端效率得分较低。而吉尔吉斯斯坦在这两个指标上都得分最低，差距很大。相关政府应该重视提高本国投资政策的公开度、透明度，通过官方信息渠道将投资政策对外国投资者予以公示，并设立专门的投资管理机构，提高解决投资争端的效率，并为投资者提供政策咨询服务，通过建立公私对话机制，及时沟通并解决企业所关心的问题。在允许外国投资者进入的领域，中亚国家应该减少对外资的行政干预，提高投资相关行政服务效率，简化投资审批流程，降低企业投资成本，并确保政策的稳定性、连贯性。对鼓励外国投资者进入的领域，中亚国家应该简化许可证制度，优化结算方式，提高款项交易效率，给予相关税收优惠。

二、中国：积极主动深化与中亚国家政策沟通，建立长效稳定机制

（一）深化政策沟通，建立长效机制

良好的制度环境需要投资双方国家协同联动，中亚国家是中国推动丝绸之路经济带的重点国家。根据表 6 – 5 可知，中国在制度环境的 5 个二级指标上，除了政府制定政策的透明度得分略低于哈萨克斯坦和塔吉克斯坦外，其他 4 个指标得分都明显高于中亚三国。中国作为丝绸之路经济带倡导国家和投资国，应该积极主动与中亚国家加强沟通协作，互相监督、执法互助，使现有各项有关政策和法律真正做到落地实施，为对外投资活动的开展提供安全的法治环境。

首先，中国需要与中亚各国政府通过多双边渠道加强政策沟通，切

实落实现有双边投资保护协定和避免双重征税协定等相关协议和协定的有关条款，积极参与推动协商解决中国企业对中亚国家开展直接投资过程中产生的投资纠纷问题，共同提高法律解决投资争端效率，共同推进中亚国家投资便利化水平的提升。

其次，深化政策沟通，建立长效机制是推进中国与中亚国家投资便利化建设的重要保障。中国应该积极主动与中亚各个国家通过沟通建立起双边政府间关于投资便利化政策的长效沟通机制，共同制定投资便利化的相关政策法规、技术标准，提高投资审批程序中政策的透明度，使跨境投资企业面临问题时有法可依，有章可循，为投资便利化提供稳定、公平、有效的政策环境[①]；针对中亚各国的投资便利化中存在的现实制约因素进行充分交流和对接，共同协商解决在推进投资便利化过程中所面临的各种限制、不合规问题；以互利、共赢为原则，积极探讨双多边投资政策及相关法律法规，共同维护透明、高效的制度环境。

（二）建立中国与中亚国家双边投资争端解决机制

对外投资活动是国际经济活动中涉及面最广、最复杂的经济活动，不仅涉及两国经济、文化、政治方面，甚至还涉及一国战略和安全，以及他国关系。正是因为其复杂性，在对外投资活动过程中发生投资争端在所难免。中国与中亚国家由于其经济上具有很强的互补性，加之地缘优势，随着双边战略伙伴关系的不断升级，中国对中亚国家的投资从高度集中于哈萨克斯坦不断扩展到中亚其他各国，而且投资规模不断扩大。在丝绸之路经济带倡议的不断推动下，中国与中亚各国都签订了对接合作协议，越来越多的投资合作项目开始落地。为了创造更加稳定、透明、高效的投资环境，中国需要与中亚国家尽快建立争端解决机制，而争端解决机制的建立要全面考虑各个国家经济、政治、文化等方面的

---

① 张亚斌．"一带一路"投资便利化与中国对外直接投资选择［J］．国际贸易问题，2016（9）：165－176.

差异，以及各个国家对投资的依附程度。在短期，中国应积极主动尽快完成与哈萨克斯坦的新版双边投资保护协定谈判。在中期，投资争端解决机制的建立，可以参考 CAFTA《争端解决机制协议》，采用磋商、调解、调停为主，仲裁为辅的投资争端解决方式，成立专门的解决投资争端的专家成员小组，设定一般事项和特殊事项的处理方式和处理程序，通过采用普通方法和特殊方法相结合来处理投资过程遇到的问题。随着中国与中亚国家投资合作不断加强，政治互信不断加深，长期可以参考 NAFTA "强硬"的争端解决机制，依据各个国家自身的状况和经济实力，逐渐形成以外交与法律相结合、仲裁为核心的投资争端解决机制。

第二节　基础设施建设方面

一、中亚：充分利用亚投行等国际融资平台，打造立体运输网络

基础设施质量是吸引投资的直接诱发要素，也是一国投资中重要的区位优势之一，基础设施指标在投资便利化水平评价体系中的权重仅次于制度环境，是决定投资便利化水平的重要指标，对于中国在中亚国家开展投资合作至关重要。长期以来，中亚国家基础设施落后、交通运输不便的问题，影响了吸引外资规模，限制了经济发展和产业结构的调整。基础设施建设资金需求大、项目周期长，且有较高的技术要求，而中亚国家既缺乏必要的建设资金，也不具备独立完成大型基建项目的技术和管理能力，因此，中亚国家应该紧紧抓住共建丝绸之路经济带倡议的机遇，充分利用丝路基金、亚洲基础设施投资银行、金砖国家开发银行等国际性金融机构的资金，解决本国基建项目资金短缺问题。同时，通过国际工程承包，积极与技术实力雄厚，基建经验丰富的中国在铁

路、公路、航空、港口、电力、通信等领域开展各种形式的投资合作，尽快形成便捷高效的运输网络，改善本国基础设施质量。

根据一级指标基础设施项下的 5 个二级指标的权重分配可知，基础设施下的各个二级指标权重比较接近，差别不大，航空基础设施质量权重略大于公路和口岸基础设施质量指标权重。[①] 说明各二级指标对基础设施质量的影响都比较大。从 2017 年各二级指标得分来看（见表 6 - 5），中亚三国除了塔吉克斯坦口岸基础设施质量指标高于独联体国家平均得分外，三国其他所有指标得分都明显低于中国、独联体平均以及沿线 26 个国家平均得分，吉尔吉斯斯坦所有指标得分都最低。可见，中亚国家基础设施质量水平整体是非常低的。因此，对于深居内陆的中亚国家来说，应该积极推进并加快与中国对接的陆路交通运输基础设施建设，加强本国固定要素禀赋优势，从而提升投资便利化水平。例如，共同推动中国新疆塔城至哈萨克斯坦阿亚古兹铁路、中哈公路等的建设，确保铁路、公路等建设项目如期竣工开通。除了要加强本国陆路交通运输网络的构建，还需要因地制宜，重视本国港口或航空枢纽建设，加强与中国的航线联系，提高空运港口联通度，并不断升级改造以适应持续增长的运输需求。

基础设施项下的二级指标的电力通信基础设施的权重也比较大（居于第 2 位），对基础设施质量影响很大，进而影响中亚国家投资便利化水平。除了哈萨克斯坦外的其他中亚国家，受到经济发展水平等因素的制约，不仅基建水平滞后，无法保障商品、原材料等的稳定运输与供应，电力和通信基础设施也比较落后，尤其是吉尔吉斯斯坦和塔吉克斯坦该项指标得分都非常低。尽管近年与中国企业开展了多个项目，电力设施和通信基础设施条件有了比较明显的改善，但是仍然远远无法满

[①] 需要说明的是，铁路基础设施质量对中亚国家投资便利化水平的正向影响也较大，但是由于世界经济论坛发布的《全球竞争力报告》中缺乏部分国家得分数据，因而二级指标中没有选取铁路基础设施质量。

足各国经济发展、经济结构调整以及国家未来发展战略需求，也难以抓住并分享全球互联网、物联网高速发展带来的机遇和红利。这些国家需要立足本国实际情况，加快本国电力，尤其是水电设施建设，增加电力供应，满足本国电力需求。同时，积极引进先进技术，发展信息技术产业，提高本国通信网络基础设施的覆盖范围，提前布局 5G 网络建设，改善通信等公共服务条件，努力构建系统化的运输和通信网络，从而提升本国基础设施质量水平，实现投资便利化水平的整体提升，为吸引外资创造有利条件。

二、中国：主动推进基础设施建设合作，优化互联互通环境

（一）积极主动开展各级层面沟通协商，深化合作

基础设施的互联互通是"一带一路"建设"五通"中的重中之重，是各国吸引外商直接投资的重要前提条件，也是深化投资便利化的基础工程和硬件保障。基础设施水平是影响外国直接投资的重要因素，是一个国家经济活动正常开展的基本条件。中亚国家深居内陆，其道路、铁路、航空、口岸、通信、电力等基础设施对其经济发展意义重大，但是其整体水平较弱，因而合作建设需求比较大，但是转轨中的中亚各国面临的困难和阻碍较多，整体投资环境欠佳，使其吸引外资的能力有所减弱，在一定程度上抑制了中国企业对其投资。为此，中国应该积极主动开展与中亚国家在国家政府、地方政府以及行业和企业各个层面的沟通对话与协商，对接双方所需，明确基础设施建设方面的重点合作项目，使基础设施建设招标流程透明化，简化投资审批程序，在积极主动推进现有在建合作项目顺利实施的同时，积极落实我国与中亚五国领导人在共建丝绸之路经济带方面达成的重要共识，努力争取更多新的合作项目，推进相关协议和协定尽快落地实施，惠及各方。备受关注的中欧班

列自 2011 年正式开通运行以来，开行数量屡创新高，截至 2019 年 6 月末，累计开行 1.7 万列，国内开行城市达 62 个，到达境外 16 个国家的 53 个城市。[①] 同时，开行质量显著提升，空箱状况明显改善，回程班列从无到有，从 2018 年的"去三回二"，2019 年已经基本实现"去一回一"，重箱率超过 80%，综合重箱率达到 92%[②]，为中亚相关国家，尤其是哈萨克斯坦经济发展注入了源源不断的活力。

（二）共建国际骨干通道，提高设施质量和运输效率

中国应以加强与中亚国家基础设施合作为突破口，借助中亚国家地理上与中国接壤这一优势，带动各个国家共建国际骨干通道，通过延伸铁路、公路的长度，完善口岸、航空等国际基础设施，提高设施质量和运输效率。其次，电力、电话等通信方面的配套设施，可以通过取消中国与这些国家之间的国际漫游，实现网络服务全面覆盖，同时鼓励通信、互联网企业加强与中亚国家企业的合作，促进各国之间电子商务和互联网的建设。此外，对塔吉克斯坦和吉尔吉斯斯坦两个经济非常落后的国家，中国可以通过援助方式，扩大对这些国家基础设施建设的投资规模，提高其投资便利化水平，促进各国间的国际投资合作。

（三）积极开展"新型基础设施建设"领域的投资合作

除了进一步加强与中亚国家传统的基础设施建设合作之外，在产业转型升级的大背景下，中国与中亚国家还可以在"新型基础设施建设"领域展开一定的合作，共同推进 5G 网络、工业互联网、特高压输电、核电等的建设，增强中亚国家在通信、电力、运输等领域的供应能力，实现投资便利化水平的提升，为中国企业与中亚国家开展更广泛的投资

---

① 佚名，足迹开放的大门只会越开越大，央视网，2019 - 10 - 30.
② 发改委：中欧班列空箱状况明显改善综合重箱率达到 92%，news. sina. com. cn，2019 - 10 - 21.

合作创造条件。通过进一步改善中亚国家交通运输条件，提高物流运输的条件和效率，进而带动中亚国家经济发展，为开展更多领域的投资合作夯实基础，吸引更多中国企业对其进行直接投资。

第三节　金融服务效率方面

一、中亚：完善金融服务体制，提高金融服务效率

在前文的投资便利化指标体系中，金融服务效率指标在投资便利化水平评价体系中占有相当的权重，对投资便利化有着很大的影响。健全的金融市场和完善的金融服务是一国拥有的重要的投资直接诱发要素，通过与投资间接诱发要素的相互作用，对中国对外直接投资有显著的正向促进作用。在中亚国家中，多数国家金融体制尚不健全，金融市场比较脆弱，金融服务水平有待提高，服务效率较低，例如，吉尔吉斯斯坦、塔吉克斯坦等国家金融服务可获得性较低，但金融服务效率与中国对中亚国家直接投资有较强的相关性。因此，中亚国家必须健全金融市场发展，完善投融资机制，通过构建金融机构合作平台，降低本国金融服务的成本，提高资本市场的融资能力，扩大金融服务的涵盖面，简化贷款的审批程序，增强银行的稳健性，以货币流通促进区域合作为突破点，提高中国与中亚国家的投资便利化水平。①

根据一级指标金融服务效率项下的 5 个二级指标的权重分配可知，金融服务的便利性、资本市场融资能力、银行的稳健性三项指标的权重最大，对中亚国家的投资便利化水平有显著正向影响。从 2017 年各项

---

① 黄光灿，王钰. 中国对丝路国家直接投资便利化实施路径研究 [J]. 财经理论研究，2016（4）：9－18.

二级指标得分来看（见表 6-5），哈萨克斯坦除了资本市场融资能力指标得分略高于独联体国家平均得分外，其他两项指标得分都低于中国、沿线 26 个国家以及独联体国家平均得分，甚至在中亚三国中也是最低的。在银行的稳健性指标上，塔吉克斯坦和吉尔吉斯斯坦得分低于中国和沿线 26 个国家平均得分，但高于独联体国家平均得分。哈萨克斯坦作为中亚地区的金融中心，这个得分情况是出乎人们意料之外的，可能是因为哈萨克斯坦在中亚经济规模最大，对外经济贸易和投资规模也最大，与国际市场联系最为广泛和密切，受国际资本市场波动的影响比较大所造成的。说明中亚国家金融市场整体发展尚不健全，可以通过设立专门的外国投资管理机构，建立完善金融管理制度，进一步地提高外国投资者金融服务的可获得性和便利性。同时，需要重视完善本国金融市场制度，提高金融系统的稳健性，为外国投资者提供必要且安全的金融服务，降低金融服务成本，积极引入国际资金。还需要积极完善多双边投融资机制，加强与中国政府在金融领域的合作，配合推进人民币跨境支付系统，为中国企业对其开展投资提供充足的资金保障。

风险资本的可用性以及贷款的可获得性 2 个二级指标权重相对较低，但是也对投资便利化水平提升具有一定的促进作用。从 2017 年各项二级指标得分来看（见表 6-5），中亚三国这两项指标得分都低于中国、沿线 26 个国家以及独联体国家平均得分，而哈萨克斯坦又是中亚三国中最低的。这与哈萨克斯坦以能源为主的经济结构特点、经济快速发展对资金的旺盛需求，以及与国际市场的深度融合和依赖有很大关系。中亚国家长期面临经济发展资金不足，企业所需的发展资金供应困难，政府对于金融部门权力的下放相对保守，这给中国企业开展投资带来了很大挑战。因此，以哈萨克斯坦为主的中亚国家在响应共建"一带一路"倡议时，需要重点完善金融体制机制，营造更加宽松的资金融通环境，提高社会风险资本的可用性，简化贷款审批程序，在科学把控资金用途和潜在风险的前提下，为投资者提供更加方便快捷的融资渠道。还可以借助丝路基金、亚洲基础设施投资银行等国际性金融机构的平台，与中国共同开展更广泛的投资合作，引入国际资金，进一步发展本国资本市场。

此外，对中亚国家而言，加强金融基础设施建设至关重要。金融基础设施是指金融运行的硬件设施和制度安排，主要包括三大要素：一是法律基础设施，是金融基础设施的核心，完善的金融法律是金融市场正常运转的保证。二是会计基础设施，是保证金融系统有序运转的必备要素。三是监管制度，现代金融监管旨在提高金融市场信息效率，保护消费者权益免受欺诈和渎职的侵害，保持系统稳定。关键是构筑高效的监管制度，从而最大限度地发挥监管基础设施的作用。很明显，金融基础设施、金融的稳定性与经济增长密切联系；金融基础设施越发达，其承受外部冲击的能力就越强；金融基础设施的建设对于新兴经济与转型经济的金融稳定和经济发展至关重要。对于金融法律制度和监管制度不够完善的中亚各国政府，必须要加强金融基础设施的建设，加强对整个金融系统的宏观调控，增强承受外部冲击的能力，保持金融系统的稳定性。

二、中国：深化双边金融合作，优化资金融通环境

中国与中亚地区实现资金融通合作是一个复杂且漫长的过程，需要各个国家的积极参与，在现有合作的基础上，加强区域对话交流和磋商，进一步深化经贸合作，为营造一个健康的金融合作环境提供保障成为关键。"一带一路"倡议实施以来，中国与沿线国家，尤其是中亚国家在金融领域合作逐渐深化，人民币跨境支付系统的覆盖范围不断扩大，人民币跨境流动日益频繁，投融资体系不断推进，开发性和政策性金融支持力度持续加大，多双边投融资机制和平台快速发展，为共建"一带一路"提供了有力保障。

（一）完善跨境金融服务功能，加强中亚地区货币金融合作

丝绸之路经济带建设的核心是实现"货币流通"，即利用现有融资平台完善基础设施建设、加强经贸合作以推动货币金融合作，完善跨境金融服务功能，扩大人民币结算范围，最终服务于丝绸之路经济带的建设。[1] 活跃的金融市场是加强和完善国际金融合作体系的必要条件，构建国际金融机构为金融资源的有效整合和配置奠定良好的基础。一方面，借助"一带一路"倡议搭建的亚洲基础设施投资银行（以下简称亚投行）、丝路基金以及国际融资渠道，加强中国与中亚国家支付清算系统的合作，加快推进建立上海合作组织开发银行和设立上海合作组织专门账户，允许和支持有条件的金融机构和支付机构提供跨境支付平台；构建面向中亚地区的跨境零售支付服务功能，支持现金和非现金支付方式在边境地区有效使用。[2] 另一方面，适当降低中亚国家外资银行的准入标准，鼓励金融机构设立跨境分支机构；加强中国与中亚国家间的征信交流与合作，推进金融机构合作机制化。亚投行、丝路基金等为包括中亚在内的"一带一路"沿线国家互联互通建设和产能合作提供强有力的资金支持。截至 2018 年末，亚投行已批准在塔吉克斯坦等 13 个国家实施 35 个项目，累计批准贷款 75 亿美元，撬动其他投资 400 亿美元。丝路基金协议投资金额 110 亿美元，实际出资约 77 亿美元，并出资 20 亿美元设立中哈产能合作基金。[3] 在第二届"一带一路"国际合作高峰论坛上，丝路基金决定投资哈萨克斯坦阿斯塔纳国际交易所、乌兹别克斯坦撒马尔罕国际会展文旅项目和油气合作项目。

---

[1] 冯玉军. 论"丝绸之路经济带"与欧亚经济联盟对接的路径 [J]. 欧亚经济，2016（5）：15 – 19.

[2] 姚德权，黄学军. 我国与丝绸之路经济带国家的金融合作、现状、挑战与前景展望 [J]. 国际贸易，2014，（10）：37 – 41.

[3] 邓浩，"一带一路"倡议与新时期中国的中亚外交，人民网 – 国际频道，2019 – 07 – 02.

（二）加快推进人民币在中亚地区的国际化，降低金融服务成本

要实现人民币的国际化，首先要实现人民币的区域化，中国与中亚地区地理位置相邻，经贸关系合作密切，建立中国与中亚区域的货币合作区，提高人民币在中亚地区的使用比例，减少贸易结算中的摩擦，维护区域内金融市场的稳定，有利于推动中国在"一带一路"建设中实现人民币国际化。

目前，我国的跨境人民币业务覆盖了中亚的哈萨克斯坦、吉尔吉斯斯坦、塔吉克斯坦和乌兹别克斯坦四国。我国与中亚五国跨境贸易人民币结算始于边境贸易本币结算。2003 年和 2005 年 12 月，中国分别与吉尔吉斯斯坦和哈萨克斯坦签署了以双方货币作为支付结算的协定，即边境本币结算协议。为加强双边金融合作，便利两国贸易和投资，2011 年 4 月和 6 月，中国分别与乌兹别克斯坦和哈萨克斯坦签署双边本币互换协议。2015 年 9 月 7 日，中国与塔吉克斯坦签署双边本币互换协议。双边本币互换用于双边贸易投资结算或为金融市场提供短期流动性支持，有利于深化中哈两国货币金融合作，便利双边贸易和投资，维护区域金融稳定，标志着中哈两国金融合作进入新阶段。2017 年 6 月，上海证券交易所与哈萨克斯坦阿斯塔纳国际金融中心管理局签署合作协议，共同投资建设阿斯塔纳国际交易所。根据规划，该交易所将成为哈萨克斯坦国有资产证券化的重要平台，并致力于发展成为中亚地区的人民币交易中心和丝绸之路经济带上的重要金融平台，为"一带一路"建设项目落地提供融资服务。可见，中国与中亚国家的货币合作已经取得一定的成效，发展势头总体良好，但是与中俄，尤其是与东盟相比差距很大，也远低于全国跨境人民币结算的平均水平。究其原因，主要是人民币在中亚市场上的认可程度低、结算渠道缺乏、相关配套制度还不完善等障碍。

为此，应根据实践中出现的问题，采取积极措施，完善相关政策，

有效推动跨境人民币业务在中亚地区的开展。首先，中国要积极努力构建覆盖中亚五国长期稳定、规模更大的本币互换机制，进而提高资本跨国流动性，降低金融成本，从而提升中亚国家投资便利化水平，增强对中国企业的投资吸引力。投资方面，鼓励国内企业跨境投资，以人民币对中亚国家开展项目投资，鼓励境外机构人民币借款、支持特许机构发行人民币债券等，进一步完善货币互换机制，扩大人民币跨境结算渠道。① 其次，扩大与中亚国家之间的人民币互换范围至能源领域。因能源在中国与中亚国家贸易中占有较大比重，以往以美元计价的模式巩固了美国的霸权地位，积极推进在能源贸易过程中以人民币计价的结算方式，实现人民币的统一结算方式，可以有效降低投资过程中货币结算和汇兑风险，规避汇率风险，维护金融市场的稳定，有利于提高区域内发展金融合作的稳定性和安全性，从而改善各国的投资便利化水平，促进中国对中亚国家直接投资。

（三）加强建设中亚地区金融体系监管和风险防范体系

中亚国家在银行监管方面通过贯彻国际上广泛实施的巴塞尔原则进行风险防范，但各国的金融体制存在明显的差异。② 通过丝路基金、亚投行、上海合作组织银联体等金融机构，加强中国与中亚国家的金融合作，促进贸易、投资和贷款领域的本币结算，巩固和加深在出口信贷、保险、贸易融资等领域的合作。这一过程中金融监管是加强货币合作的重要保障，另外丝绸之路经济带建设过程中跨境金融活动面临着较大的金融风险，加强中亚地区金融监管力度和风险防范体系更有利于维护国际核心区的金融稳定，也为企业的投资、生产、贸易等提供便捷的金融支持。各国需要加强行业交易监管，确保投资活动合法合规，规范金融

① 韩东，王述芬. 浅析我国与中亚国家跨境贸易人民币结算发展缓慢的问题 [J]. 对外经贸实务，2014（5）：36－38.
② 李翠翠，张文中. 依托丝绸之路经济带建设加强中国中亚货币金融合作 [J]. 财会月刊，2017（5）：120－124.

市场秩序，从而降低投资的风险和成本，减少境外投资者的后顾之忧，提高本国投资便利化水平。

第四节 商业投资环境方面

一、中亚：健全投资法律制度，优化商业投资环境

在前文的投资便利化指标体系中，商业投资环境指标在投资便利化水平评价体系中的四项一级指标中权重相对最低，对投资便利化影响相对较小。但是东道国商业投资环境是吸引投资的重要因素之一，也是投资直接诱发要素的重要一部分，因此仍然不可忽视。中亚国家作为共建"一带一路"的具体实施者，优良的商业投资环境有利于提高本国的投资便利化水平，对吸引中国企业对其开展直接投资的区位选择具有重要影响。中亚国家还都是发展中国家，经济发展水平普遍较低，又都面临资金短缺问题，因而存在着既要积极引进外资，又要保护本国市场的矛盾。在本国利益至上的指导思想下，以哈萨克斯坦为代表的中亚国家往往对外资准入要求较高，并在投资领域、外国劳务、股权转让等方面设置了本国优先和本国成分等要求，且投资审批程序烦琐。另外，还存在投资法律政策不健全、不稳定，执行力弱等问题，商业投资环境整体不佳。各国应树立合作共赢的理念，优化完善本国投资法律和政策，补齐商业投资环境的短板，为外商提供优良的商业投资环境，以便能够充分利用"一带一路"倡议提供的丰富的融资渠道和机会，扩大与中国的投资合作。一方面，可以帮助中亚东道国解决资金短缺和就业问题；另一方面，可以通过外商投资，引进先进技术和管理经验，提高生产加工能力，提高制造业水平，进而优化本国经济结构。

根据一级指标商业投资环境项下的 5 个二级指标的权重分配可知，FDI 规则对投资影响和人才的有效利用所占权重明显高于其余 3 个二级指标，是影响商业投资环境的首要因素，对投资便利化水平有正向影响。从 2017 年各二级指标得分来看（见表 6 – 5），哈萨克斯坦这两项指标得分虽然与联体国家平均得分相差不大，但明显低于中国和沿线 26 个国家的平均得分。吉尔吉斯斯坦和塔吉克斯坦这两项指标得分还明显低于哈萨克斯坦。因此，一方面，中亚国家需要进一步完善外商投资法律法规、政策及其配套措施，适当放宽外资准入标准，减少外商投资壁垒；另一方面，要积极开展国际劳务合作，适度放宽对外籍劳务配额的限制，进一步提高外国管理人员和技术人员的比例，发挥投资方管理和技术性人才的劳动力优势。同时，需要加强对本国高素质人才的培养和对专业技能人才的培训，提高劳动生产效率，学习国外先进的劳工管理经验，从而实现本国劳动力市场与外商投资的高效对接。

二级指标投资审批时间、投资审批程序两个二级指标权重依次相对较低，对投资便利化水平提升具有一定的负向作用，因此，对商业投资环境的影响也不容忽视。从 2017 年各个二级指标得分来看（见表 6 – 5），中亚三国的投资审批时间和投资审批程序两项指标得分都高于独联体国家平均得分，但是都低于沿线 26 个国家平均得分，更是大大低于中国得分，说明在这两个指标上，中亚三国都优于中国和沿线 26 个国家，但是与独联体总体水平还有一定差距。但中亚三国又有很大的不同，在投资审批程序指标上，吉尔吉斯斯坦得分最低，哈萨克斯坦和塔吉克斯坦持平，比中国低 4 分；在投资审批时间指标上，哈萨克斯坦和吉尔吉斯斯坦分别比中国低 20 分和 19 分，塔吉克斯坦得分最高，也比中国低 6.9 分。对比前面所有 16 项二级指标的分析可以发现，投资审批时间和投资审批程序两项指标是中亚国家所有 16 项二级指标中最好的。因此，中亚国家可以采取有效措施，进一步简化投资审批程序，缩短投资审批时间，进一步优化商业投资环境，通过发挥这方面的优势，来弥补在其他指标上的劣势。

二级指标的国内市场规模指数权重最低，对投资便利化水平提升具有一定的正向作用，也是影响商业投资环境的因素之一。从 2017 年各二级指标得分来看（见表 6 - 5），哈萨克斯坦得分高于独联体国家平均得分，但低于沿线 26 个国家，更是远远低于中国得分，说明这个指标与中国差距很大。吉尔吉斯斯坦和塔吉克斯坦本指标的得分明显低于独联体和沿线 26 个国家平均得分，更是远远低于中国得分。由于国内市场规模指标主要取决于该国人口和经济发展水平，而人口和经济发展水平都是一国长期的宏观经济指标，又受制于多种复杂因素，难以在短期内奏效，在该处讨论实际意义不大，故而省略进一步探讨。

二、中国：推动建立投资保护权益机制，优化合作环境

（一）遵守中亚国家劳动相关的法律法规

中亚各国由于人口稀少，总体劳动力长期处于短缺状态，但是，为保护国内劳动市场，各国都制定了外国劳务配额管理制度，而配额比例则随经济形势变化每年调整。例如，哈萨克斯坦每年颁布政府令，公布外籍劳务配额比例，2010 年以来，配额最高的 2013 年为 1.2%，2014—2016 年，吸引外国劳动力配额皆为经济活动人口的 0.7%。① 而 2020 年哈萨克斯坦引进外籍劳务配额的政府令确定引入外籍劳务的比例为哈萨克斯坦全国劳动人口总数的 0.32%。② 哈萨克斯坦政府副总理萨帕尔巴耶夫表示，2020 年哈萨克斯坦外籍劳务配额将从 2019 年的 4.9 万人减至 2.9 万人。同时，将削减第三、第四类外籍劳务配额数

---

① 2016 年哈萨克斯坦吸引外国劳务配额为经济活动人口的 0.7%，中国商务部驻哈萨克斯坦使馆经商处，2016 - 01 - 06.

② 哈政府批准 2020 年外籍劳务用工配额，哈萨克斯坦法律网，2020 - 01 - 05.

量，政府将与雇主签订协议，在批准外籍劳务配额申请的同时，要求雇主在2~3年内培训同等数量的本地工人，并逐步替换所雇佣的外籍劳务人员。[①] 中国企业在对中亚国家进行投资时，要充分了解并遵守各国劳动相关法律法规，重视保障劳动者权益，重视劳务合作关系，结合各国劳动力市场的差异，随时掌握其政策变动，并为当地员工提供专业的技术培训和知识普及，共同推动中亚国家劳动力市场的发展，实现互利共赢。

（二）建立外交保护中国公民和企业海外合法权益的长效机制

目前，由外交部牵头建立了保护海外中国公民和机构的部际联席会议机制，并在外交部领事司成立领事保护处，我驻外使领馆已将防止和化解经贸摩擦纳入日常工作，加强了对海外中国企业利益的保护。但是，对外投资规模和经营主体的迅速增加，中亚国家不良的治安环境，甚至局部地区局势的动荡，使我国公民和企业合法权益在东道国受侵害的案件逐年上升。为此，建议政府充分利用外交资源和外交手段，建立保护中国公民和企业海外合法权益的长效机制，为中国企业对外投资提供一个安全而公平的商业环境，最大限度地保护我国公民和企业在海外的合法权益。

（三）提高自身政策和境外企业服务能力，推动相互投资

中国作为"一带一路"倡议的发起国与引领者，在开展面向中亚国家以及沿线国家的经贸合作中起着不可替代的作用。从前面的分析可知，中国在大部分投资便利化的二级指标都优于中亚国家，但是在投资审批时间和审批流程指标上与中亚国家还有一定的差距。2017—2020年，中国连续四年修订全国和自贸试验区外商投资准入负面清单，限制

---

① 哈政府拟强制要求雇主以本国劳力替代外籍劳务，中国商务部驻哈萨克斯坦使馆经商处，2019-12-26.

措施分别由93项、122项减至33项、30项，在金融、汽车等行业领域推出了一系列重大开放举措。[①] 2019年3月15日，中国通过的《中华人民共和国外商投资法》，明确了外商投资项目的核准、备案制度，这将大大简化投资审批程序，缩短投资审批时间，优化我国外商投资环境。另外，要加强中国境外企业的政策咨询、法律援助、仲裁调解、信息交流等服务，提高境外投资企业管理人才水平和能力。中国与中亚国家也应协同联动，互相监督，逐步消除投资壁垒，为促进投资便利化共同努力营造优良的商业投资环境。

第五节　法律体系建设方面

一、积极推动达成世界贸易组织框架下的投资便利化协定

如第三章所述，在中国的积极努力推动下，自2017年以来，世界贸易组织框架下的投资便利化谈判已经取得广泛而重要的共识，形成了良好的工作机制，为世界贸易组织投资便利化多边框架的达成奠定了坚实的基础。近几年，在逆全球化的国际大背景下，投资保护主义呈现抬头之势，全球投资回报率下降，全球价值链扩张区域停滞，国际生产扩张速度放缓，抑制了外国直接投资的发展。2016—2018年在全球对外直接投资连续三年下滑的大环境下，中国对外直接投资在2017年和2018年连续两年下滑。这种情况一方面不利于投资便利化的谈判，但另一方面因为多数国家深受其害，因而产生了投资便利化的强烈需求，也为投资便利化谈判积累了土壤。另外，自2019年以

---

① 2020年版外商投资准入负面清单进一步缩减，中华人民共和国中央人民政府网www.gov.cn，2020－06－26.

来，美国对中国高科技企业的不断打压，也严重影响到中国的对外直接投资。2020年的新冠肺炎全球大流行及其对各国经济的影响也对谈判带来了不便和不利。中国作为世界第三大投资国（2018年）要继续积极主动作为，克服各种不利因素，争取世界贸易组织投资便利化多边框架谈判工作继续保持2018年和2019年的高密度常态化谈判机制，力争早日达成世界贸易组织投资便利化多边框架，为全球国际投资活动提供法律准则。

二、分步推动上海合作组织投资便利化谈判与落实

根据第三章阐述可知，多年以来，上海合作组织框架下的投资便利化问题在各种复杂因素的影响下未能得到充分的重视，法律基础非常薄弱。2016年扩员之后，谈判更加困难。中国应采取分步谈判和分步实施的策略，在行动步骤上，先推动落实上合组织投资便利化进程启动之后所制定的措施计划，再争取签署上合组织投资便利化协议或协定。

三、积极推动商签新版双边投资保护协定

中亚国家独立后不久的1992年，中国就先后与乌兹别克斯坦、吉尔吉斯斯坦、哈萨克斯坦、土库曼斯坦四国签署了《关于鼓励和相互保护投资协定》，1993年与塔吉克斯坦签署该协定，除了吉尔吉斯斯坦的相关协定于1995年生效外，其他四国都先后于1994年生效。随着中亚国家经济发展状况从独立之初的急剧下降到1996年之后开始的止跌回升，再到1999年或2000年步入稳步发展轨道，中国对中亚国家的直接投资也随之步入快速发展阶段，经济形势的好转和投资环境的改变客观上带来修订双边投资保护协定的要求。为了促进新形

势下双边投资的快速发展，2011 年 4 月，中国与乌兹别克斯坦重新签署新的《中乌关于促进和保护投资协定》取代了旧协定。2011 年 3 月，中方向中哈经贸分委会提交了新版中哈双边投资保护协定。历经七年之后的 2018 年 11 月 15 日，中哈双方专家组完成了中哈投资保护协定第六轮谈判，至今无果，可见谈判之艰难。哈萨克斯坦是中国在中亚地区最大的投资目的国，也是重点投资国，对丝绸之路经济带"五通"建设至关重要。在实践中，近几年中国对哈萨克斯坦的直接投资一直波动性很大，极不稳定，也迫切需要健全的高质量法律制度上的保障。在此情况下，中国必须积极主动、创新思维、立足长远、求同存异，争取早日签署新版中哈投资保护协定。同时，积极主动启动与吉尔吉斯斯坦、塔吉克斯坦和土库曼斯坦三国的新版双边投资保护协定的谈判，为中国企业面向中亚"走出去"创造良好的法律环境。此外，要加强监管协定的执行。中国与中亚各国虽然早已签订了双边投资保护协定，但在实践中经常发生政策及其执行与协定的冲突和矛盾，政府应加强协调，着力落实协定对中国企业的保护。

四、积极协调落实避免双重征税协定对中国企业的保护

相较于双边投资保护协定，中国与中亚国家签署避免双重征税协定要晚得多。最早的中乌避免双重征税协定签订于 1996 年 7 月，进入 21 世纪以后，中国才陆续与哈萨克斯坦（2001 年）、吉尔吉斯斯坦（2002 年）、塔吉克斯坦（2008 年）和土库曼斯坦（2009 年）四国签署避免双重征税协定。国家间签订双边避免双重征税协定是保护投资者利益的国际通行做法。中国虽然与中亚五国都签署了双边避免双重征税协定，但是由于中亚五国普遍存在执法不严、有法不依的情况，因而在实践中经常发生法律政策及其执行与协定的冲突和矛盾，中国企业在中亚国家投资的权益难以得到有效保护，中国政府应加强与相关国家有关部门的

沟通协调，加强监管，着力落实协定对中国企业的保护，为中国投资企业创造良好的投资环境。

第六节　合作平台机制建设方面

一、建立投资便利化组织机构和合作平台

加强中国与中亚国家各国领导和政府部门的沟通和联系，积极展开各国领导人和高层之间的正式、非正式会晤，也可以通过成立中国与中亚国家投资便利化指导委员会，明确分工和各自的职责，充分利用WTO、SCO、APEC 等国际组织机构合作框架下的相关条款，就与投资相关的政策法规、协调机制以及投资合作优先领域等一系列内容开展多边谈判和政治协商，促进中国与中亚国家在投资便利化领域的相互协调。各个国家也应鼓励学术界和投资相关行业的非官方机构在促进国际投资合作中发挥优势，例如，建立中国与中亚国家投资便利化合作论坛等方式，通过建立多元化的投资合作平台，促进各国之间的交流，在一定程度上也有利于提升各国的投资便利化水平。

二、推进双边投资便利化谈判与机制建设

首先，中国政府应积极与中亚国家推进双边、多边投资便利化协定谈判，参与签订高水平的投资协定，放宽本国企业对外直接投资的门槛，鼓励本国企业"走出去"。其次，由于中国大量中小型民营企业在掌握相关数据和政策信息等方面还存在困难，中国政府可以通过建立国际投资相关网站或提供开展实地勘察机会，帮助中国企业深入了解中亚

国家的投资环境、投资政策、宏观经济状况、技术水平、自然资源状况以及政治环境等因素，为企业创造更多合作机会，促进对外投资布局向均衡方向发展。最后，我国政府也应加大投资政策和跨国人才的培训，为企业培养大量熟悉国际投资规则、精通多国语言和文化的高质量跨国人才，提高"走出去"企业的国际竞争力。

第九章

研究结论、局限性
与研究方向

本书在阐释投资便利化相关理论依据的基础上，首先，从目前直接与中国和中亚国家投资便利化相关的世界贸易组织有关协定、上海合作组织有关协定、"丝绸之路经济带"倡议下有关对接协议，以及中国与中亚国家签订的双边投资保护协定和避免双重征税协定等几个方面梳理并分析中国和中亚国家投资便利化的法律基础及其状况。其次，从横向和纵向两个方面比较分析了 2006—2018 年中国对中亚国家直接投资的现状。再次，对中国与中亚国家投资便利化的内外部环境从多个方面进行了比较深入的定性分析。从次，以世界经济论坛发布的《2018 年全球竞争力报告》为依据，通过构建投资便利化测评指标体系（四项一级指标和 19 项二级指标），以丝绸之路经济带沿线国家为参照系，运用主成分分析法测算中亚国家投资便利化水平，并分别从一级和二级指标权重和二级指标得分对中国与中亚国家的投资便利化水平进行了全面深入细致的比较分析。在此基础上，通过拓展的贸易引力模型结合面板数据，从直接投资效应、出口贸易效应和进口贸易效应 3 个方面考察了中亚国家投资便利化水平对中国对其直接投资和进出口贸易的影响。最后，依据前面定性分析和实证研究的结果，从中国与中亚国家两个方面有针对性地提出提升中国与中亚国家投资便利化水平的对策建议。

第一节　主要研究结论

一、中国和中亚国家投资便利化的法律基础方面

（一）世界贸易组织框架下的投资便利化法律基础

在中国的倡导和积极推动下，世界贸易组织投资便利化多边框架已

取得广泛而重要共识，并形成了初步的工作机制。在世界贸易组织投资便利化多边框架达成之前，世界贸易组织框架下与国际投资有关的《与贸易有关的投资措施协议》（TRIMs）、《服务贸易总协定》（GATS）等4个协定是目前成员国国内法律制度和投资行为以及投资争端解决的准则和重要依据。中国与中亚国家世界贸易组织成员国的相关投资法律政策也同样受制于世界贸易组织现有相关投资规定。

（二）上合组织框架下的投资便利化法律基础

上海合作组织投资便利化法律自该组织成立初期出台后未得到延续，投资便利化措施计划未得到很好的落实，说明上海合作组织投资便利化问题没有得到充分重视，法律基础非常薄弱。

（三）丝绸之路经济带对接下的投资便利化法律基础

目前，中国与中亚国家都已经达成丝绸之路经济带对接协议，但投资便利化法律基础还比较薄弱，丝绸之路经济带倡议与中亚各国对接合作具有一定的共性与差异。

1. 对接合作共性

一是对接合作达成高度共识，对接合作成果丰硕；二是对接合作领域高度集中在以交通为主的基础设施建设领域，以及以能源和矿产加工为主的制造业领域；三是对接合作主体地位高度一致，中亚五国处于投资合作的需求方，而中国处于投资合作的供给方，主要提供融资和技术。

2. 对接合作差异性

一是对接合作法律基础程度不同，哈萨克斯坦的相关法律最为完善，塔吉克斯坦和乌兹别克斯坦法律基础比较薄弱，而吉尔吉斯斯坦和土库曼斯坦两国缺乏对接合作的法律基础。二是对接合作成果差异大。哈萨克斯坦作为中亚五国中经济体量最大、与中国经贸关系最好的国

家，对接合作的成果相对最多；吉尔吉斯斯坦虽然经济落后，商务环境
不佳，市场也非常小，而且至今没有与我国正式签署有关对接协议或备
忘录，但是对接合作的项目成果最为突出；塔吉克斯坦和乌兹别克斯坦
对接合作的重点项目成果相对较少；土库曼斯坦则至今未见到影响力大
的合作项目，这与土库曼斯坦中立国地位有关，也与中土两国至今没有
签署正式的对接协议或备忘录有关。三是对接合作发展阶段不同。总体
上中亚国家已经从被动转向主动，但仍存在明显差距。中国与哈萨克斯
坦、吉尔吉斯斯坦已经进入全面务实合作阶段，中国与塔吉克斯坦、乌
兹别克斯坦处于积极推进阶段，而中国与土库曼斯坦总体上还基本处在
缓慢推进阶段。

（四）中国与中亚国家双边投资便利化的法律基础

1. 双边投资保护协定评价

中亚五国先后于 1992 年和 1993 年的独立初期，经济陷入全面衰退
的艰难时期与中国签署的双边投资保护协定。中国与中亚五国双边投资
保护协定的内容都大同小异，遵循国际上最基本的双边投资保护协定的
基本内容及其法律原则。乌兹别克斯坦是第一个与中国签署双边投资保
护协定的国家，并第一个重新签署了新的《中乌关于促进和保护投资
协定》。中国与哈萨克斯坦的新版双边投资保护协定谈判至今完成了六
轮谈判，还没有最终成果，谈判进展缓慢。而中国与其他中亚三国还没
有提及重新谈判双边投资保护协定问题。可见，中国与中亚国家的新版
投资保护协定复杂而艰难，任重而道远。

2. 避免双重征税协定评价

从签署协定的时间来看，中乌两国签订于经济刚刚开始复苏的
1996 年，中国与哈萨克斯坦和吉尔吉斯斯坦签署于经济进入持续稳定
快速发展的初期（2001 年和 2002 年），中国与塔吉克斯坦和土库曼斯
坦则签署于国际金融危机期间（2008 年和 2009 年），是最晚的。中国

与中亚五国双边避免双重征税协定的内容都大同小异，遵循国际上最基本的双边投资保护协定的基本内容及其法律规范及原则。由于避免双重征税协定的内容相对比较固定，与一国经济发展阶段和经济周期变化关系不大，目前还没有涉及重新谈判和签署避免双重征税协定的问题。

3. 交通运输协定评价

从运输协定涉及的运输方式来看，中国与哈萨克斯坦签订的运输协定包括了公路、铁路、航空和管道所有 4 种运输方式，是所有中亚五国中唯一最全面的。中乌两国在交通运输方面的制度性建设与合作具有开拓性和创新性，也是最富有成效的。乌兹别克斯坦虽然与中国不接壤，但是与中国先后签署了航空、铁路、公路 3 种运输协定。土库曼斯坦因其与中国非接壤以及其丰富的天然气资源而与中国签署了航空运输和管道运输两种协定。与中国接壤的吉尔吉斯斯坦和塔吉克斯坦只是常规性地与中国签订有公路（汽车）运输协定和航空运输协定。从签订运输协定的时间来看，中国与哈萨克斯坦在全部 4 种运输方式的协定都是最早签署的，其次是吉尔吉斯斯坦和乌兹别克斯坦，再次是土库曼斯坦，最迟的是塔吉克斯坦。从交通运输协定的内容来看，中国与中亚各国签订的各种运输协定内容差别不大，主要遵循国际上最基本的交通运输协定的基本内容及其法律规范和原则。但是由于很多历史遗留问题，在交通运输方面还存在许多政策性问题，例如，车辆许可证问题、技术标准问题和法律制度的协调等问题有待进一步协调解决。

4. 能源协定评价

从能源合作协议的数量和规模来看，从 20 世纪 90 年代中期以来到 21 世纪初，中国与中亚五国全部签订了能源方面的合作协定，其中，与哈萨克斯坦签订的能源合作协议最多，合作规模也最大。从协定自身的特点来看，中国与哈萨克斯坦、土库曼斯坦、乌兹别克斯坦三国签订的能源合作协定主要以专项协议为主，与塔吉克斯坦和吉尔吉斯斯坦签署的协定主要是综合性能源协定。从能源合作领域来看，与哈萨克斯坦签订的能源合作协定涉及领域最广泛，主要涉及油气、地质和矿产、可再生能源以及管道建设；与土库曼斯坦签署的能源协定主要涉及油气和管道建设；与乌兹别克斯坦签署的能源协定除了常规的油气领域外，还涉及稀有而独特的铀矿合作。

二、中国对中亚国家直接投资的现状特点方面

（一）纵向比较分析结论

1. 投资流量

近几年，中国对中亚五国直接投资流量总体上在剧烈波动，较2012年之前有明显上升。投资国家主要集中在哈萨克斯坦，其直接投资流量年均占比近60%，但是直接投资流量波动性较大；中国对吉尔吉斯斯坦与塔吉克斯坦直接投资流量波动较小，占比也较小，分别居于中亚五国的第2位和第3位；中国对塔吉克斯坦投资虽然占比也很小，但是呈现出良好的发展态势；中国对乌兹别克斯坦与土库曼斯坦直接投资常年保持在低位运行，土库曼斯坦直接投资流量在中亚五国中最低，基本处于净流出状态。

2. 投资存量

中国对中亚五国直接投资存量除2015年出现较大幅度下降外，其余年份均保持稳定增长。中国对哈萨克斯坦投资存量长期处于高位状态，占比长期保持在50%以上；中国对吉尔吉斯斯坦、塔吉克斯坦与乌兹别克斯坦三国直接投资存量规模不大，但基本都是稳中有升的状态，土库曼斯坦位居最后一位。

3. 投资领域

中国对中亚五国直接投资行业分布广泛，各行各业均有涉及，投资行业重点突出，主要集中在能源矿产行业、建筑业、制造业、批发零售

业等领域。近几年，信息通信行业也逐渐成为中国对中亚五国直接投资的重点行业之一。

4. 投资主体

中国对中亚五国直接投资主体主要以国有大型企业和实力雄厚的大型上市公司为主。从各国投资区位来看，中国对中亚五国直接投资区域基本集中在各国首都、经济中心以及资源丰富地区。

（二）横向比较分析结论

第一，与中国对外直接投资总额相比，中国对中亚五国直接投资流量和存量出现波动性增长，但是占比很低。

第二，与中国对"一带一路"沿线国家相比，中国对中亚五国直接投资流量波动性要大，但总体趋势都保持上升，占比不高，变化也不大；中国对中亚五国直接投资存量逐年上升，整体发展态势良好，虽然占比不高，但是存量占比在缓慢稳步提升。

第三，与中国对转型经济体国家直接投资相比，中国对中亚五国直接投资流量波动幅度更大，占比较高，基本上保持在40%以上；中国对中亚五国直接投资存量占比相对比较稳定，变动幅度不大，占比在近年一直长期保持在30%以上。可见，中国对中亚五国直接投资的变动趋势决定了中国对转型经济体国家直接投资的变动趋势。

三、中国与中亚国家投资便利化的内外部环境方面

（一）中国与中亚国家投资便利化的内部环境

1. 经济发展环境

近几年中国经济仍保持持续稳定增长，对外贸易、利用外资和对外投资总体保持良好发展势头，总体经济发展环境比较好。但是，中国经

济发展在保持新常态增长的同时，面临"前所未有"的挑战，这些挑战的背后，是对经济发展稳定性的考验，是对经济发展水平的考验，也是对市场规模、市场开放程度的考验，进而是对中国投资环境的考验。

中亚国家由于其经济结构高度依赖能源矿产，因而其经济对外来经济依赖性很强，致使其经济受国际市场波动影响而出现较大波动，但是在其一系列经济发展战略的推动下，总体经济向好发展。由于加入世界贸易组织，近几年，中亚国家对外贸易、吸引外资总体发展良好。但同样面临世界经济低迷、逆全球化和全球疫情的严峻考验。

2. 法律政策环境

近几年，中国进一步提高对外开放水平，出台了一系列扩大开放的政策和措施，投资法律制度进一步完善，市场准入度扩大，外商投资准入负面清单大幅缩减，自由贸易试验区快速发展，营商环境有很大改善。

近几年，中亚国家经济发展在不断好转的同时，也力求保持开放的态度引进外资，投资政策环境得到改善和提升，其中，哈萨克斯坦投资便利化最具优势，其多项指标在世界的排名也优于中国。中亚国家也存在外资政策缺乏连贯性和一致性、政策与法律法规多变且不健全、执法随意性强等诸多不符合市场经济要求和国际惯例的障碍和问题。

3. 社会政治环境

中国社会稳定，政府具有较强的政府行动力，国家层面推动国际交流与合作能力逐步增强，特别是"一带一路"倡议的愿景，得到中亚国家的认可，而且合作意愿逐步增强，中国的国际话语权和国际影响力逐步提升，对于中国企业面向中亚市场"走出去"具有积极作用。

中亚五国独立之后，实行了类似西方三权分立的总统制政体，政治权力的分配越来越趋向于中央集权制，形成强总统、弱议会的状态。目前，中亚五国基本形成了独具特色的多党政治体制，但各党派、民族和宗教之间的斗争和恐怖主义活动等政治风险相对较大，权力"寻租"一直比较严重。

（二）中国与中亚国家投资便利化的外部环境

在地缘政治环境方面，中亚国家由于其独特而重要的地缘政治和能源地位，自独立以来，一直是大国博弈的重点。经过艰难转型发展，逐步实现经济社会的长足发展之后，中亚国家正逐步寻求摆脱受控于它国的影响而走向多元发展、多边经贸发展的道路，这有利于中国参与中亚地区的经贸交流与合作。但同时，中亚地区某些国家对中国也保持了一定的戒备心理，特别是在重大能源、基础设施、土地开垦、人员引进等项目的实施上，保持相当的谨慎态度。

在国际经济环境方面，从 2008 年国际金融危机至今，世界经济放缓趋势依旧持续，全球主要经济体增长都呈现放缓趋势。世界经济增长低迷，逆全球化和保护主义抬头，国际经贸摩擦加剧。进入 2020 年，世界新冠肺炎疫情的蔓延与持续，使得全球产业链、供应链循环受阻，国际贸易和投资萎缩，大宗商品市场动荡，世界经济不确定因素增多。

在欧亚经济联盟方面，欧亚经济联盟在自身的推进过程中存在着困难和挑战。包括哈萨克斯坦和吉尔吉斯斯坦在内的各成员国均是中国"一带一路"倡议的积极响应者和重要合作伙伴。俄罗斯对与中国的合作意愿增强的趋势明显，愿意将欧亚经济联盟与中国的"一带一路"倡议对接，并付诸实践，先后与中国签署"一带一盟"对接协议和经贸合作纲要，在很大程度上改善了中国对中亚国家的投资环境。

在能源因素方面，具有优势互补的中国与中亚国家有着丰硕的合作基础和合作实践。因此，在中国与中亚国家投资便利化进程中，能源合作的逐步深入过程也是中国对中亚国家投资便利化过程的体现。同时，也正是能源领域的互补与合作，推动了中国与中亚地区投资便利化持续深入。但是，在中国与中亚国家以国家高层积极推动能源合作的同时，在很大程度上受到世界大国对中亚地区战略意图的影响。

四、中国与中亚国家投资便利化水平测评结果方面

（一）投资便利化水平综合评价指数（TWIFI）层面

2013—2017 年，丝绸之路经济带沿线国家投资便利化水平整体差异较大。投资便利化水平高的国家主要集中在欧洲，中国和西亚国家居中，投资便利化水平低的国家则主要集中在独联体、中亚、东亚区域，投资便利化水平的区域分布不均衡现象比较显著，而同一区域内投资便利化水平不均衡的现象同样十分突出。

（二）投资便利化一级指标权重层面

2013—2017 年这五年间，除了 2015 年之外，4 个一级指标的权重比较稳定，变化不大，相对较平衡，其中，制度环境和基础设施质量指标权重占比相对较大，说明这两个指标对中亚国家以及丝绸之路经济带沿线国家的投资便利化水平影响最大，也是影响沿线各国吸引外资能力的主要因素，且基础设施的优化改进和制度环境的改善对提升沿线各国投资便利化水平的重要性不断凸显。金融服务效率和商业投资环境指标权重占比相对较小，但是，对中亚国家以及丝绸之路经济带沿线国家的投资便利化水平的影响也不容忽视。2015 年比较特殊，制度环境指标权重占比明显大于其他指标权重，金融服务效率指标次之，基础设施质量和商业投资环境指标权重基本一致，是最小的。

（三）投资便利化二级指标权重层面

在基础设施质量的二级指标中，2013—2017 年这五年间，公路、口岸、航空以及电力 4 个二级指标的权重除了在 2015 年整体出现明显下滑外，其他年份 4 个二级指标的权重整体都比较大，而且处于相对稳

定状态，且权重相差不大，说明 4 个二级指标在各年份对基础设施质量的影响相对均衡。

在制度环境的二级指标中，2013—2017 年，政府政策透明度、法律解决投资争端效率、司法的独立性和知识产权保护 4 个二级指标权重先升后降，变化趋势相对一致；而非正常支付和贿赂指标权重总体呈现逐年下降趋势；非正常支付和贿赂和知识产权保护两个指标权重占比一直最大，说明非正常支付和贿赂和知识产权保护是影响制度环境的重要指标，必须给予高度重视。

在金融服务效率的二级指标中，2013—2017 年，金融服务便利性、资本市场融资能力、风险资本可用性、银行的稳健性、贷款的可获得性 5 个二级指标权重之间的差异整体趋于缩小。其中，金融服务便利性指标权重始终在波动中保持第 1 位，但相对优势已经大大降低；贷款的可获得性权重一直最小，但其权重占比已经明显提高，与其他指标权重的差距大大缩小；银行的稳健性指标权重波动相对较大，在经历上升和下降之后权重占比又回到最初的第 4 位；资本市场融资能力和风险资本可用性两个指标虽然经历了先上升后下降的波动，但权重一直比较接近，对金融服务效率指标均有着重要的影响作用。

在一级指标商业投资环境的二级指标中，2013—2017 年，5 个二级指标权重虽然普遍经历了较大波动，但各指标权重的排名一直保持不变。其中，FDI 规则对投资影响指标的权重一直排在第 1 位，说明该指标对商业投资环境的影响最大；人才的有效利用指标权重一直排在第 2 位，且整体处于上升趋势；投资审批时间指标权重先下降后又上升，占比略有下降，仅次于人才有效利用指标权重之后，也应当予以高度重视；国内市场规模指标权重在 2015 年大幅下降后，又连续两年大幅回升至五年中最高占比；投资审批程序指标权重整体缓慢上升，波动较小，在五项二级指标权重中一直排在最后。

综上可见，在 4 个一级指标各自细分下的二级指标中，航空设施质量、非正常支付和贿赂、金融服务的便利性和 FDI 规则对投资的影响在 4 个二级指标相应的权重相对最高，是影响各一级指标的重要核心指标，重视对这些指标的改善是提高中亚各国投资便利化水平的关键。

（四）中亚国家投资便利化指标得分层面

从横向比较来看，在基础设施质量、制度环境、金融服务效率和商业投资环境 4 个一级指标下，中亚国家哈萨克斯坦、吉尔吉斯斯坦、塔吉克斯坦三国的二级指标得分情况普遍低于中国二级指标得分和沿线 26 个国家平均得分；与独联体国家相比，基础设施质量下的 4 个二级指标中，中亚国家均低于独联体国家平均水平。制度环境、金融服务效率和商业投资环境 3 个指标下的二级指标中，哈萨克斯坦和塔吉克斯坦得分普遍高于独联体国家平均水平，吉尔吉斯斯坦得分则处于最低水平，除二级指标银行的稳健性和贷款的可获得性两个指标得分高于独联体国家平均得分外，其他二级指标普遍低于独联体国家平均得分水平。由此可知，中亚国家在基础设施方面普遍相对较落后，也是制约其投资的重要因素，需要重点加强改善。

从纵向比较来看，第一，在基础设施质量得分方面，中亚国家得分依次普遍低于中国、沿线 26 个国家平均得分水平和独联体国家，且与中国得分和沿线 26 个国家平均得分水平相差较大。但是从得分变动结果来看，2017 年与 2013 年相比，除了沿线 26 个国家平均得分没有变化外，所有国家和经济体得分都有不同程度的增加。其中，中亚国家基础质量得分增长幅度最大，其次是独联体国家，再次是中国。

第二，在制度环境得分方面，哈萨克斯坦、吉尔吉斯斯、塔吉克斯坦三国得分均低于中国和沿线 26 个国家平均得分，但哈萨克斯坦和坦吉克斯坦得分均高于独联体国家平均得分，吉尔吉斯斯坦则一直低于独联体国家平均得分。从得分变动结果来看，2017 年与 2013 年相比，除了哈萨克斯坦得分略有下降外，所有其他国家和经济体得分都有不同程度的增加。其中，中亚国家得分总体增长幅度最大，其次是独联体国家，中国和沿线 26 个国家平均得分增加最少。

第三，在金融服务效率得分变动方面，中亚国家得分整体依次低于中国和沿线 26 个国家得分情况，与独联体国家相比，哈萨克斯坦和塔吉克斯坦得分高于独联体平均水平，吉尔吉斯斯坦得分相对落后。从得分变动结果来看，2017 年与 2013 年相比，除了哈萨克斯坦得分略有下降外，所有其他国家和经济体得分都有不同程度的增加。其中，中亚国家金融服务效率得分总体增长幅度最大，其后依次是中国、沿线 26 个国家、独联体国家。

第四，在商业投资环境得分变动方面，中亚国家得分普遍都高于独联体国家平均得分，但远低于中国得分，略低于沿线 26 个国家平均得分，说明在商业投资环境指标上，中亚国家好于独联体国家，但远远落后于中国。在中亚国家内部，塔吉克斯坦得分一直远高于哈萨克斯坦，但差距缩小；哈萨克斯坦次之，且得分也有所下降；吉尔吉斯斯坦得分一直最低，但有较大提高。从商业投资环境得分变动结果来看，2017 年与 2013 年相比，除了吉尔吉斯斯坦该指标有小幅提高外，所有其他国家和经济体该指标都有不同程度的明显下降，说明几乎所有国家和经济体商业投资环境都有所恶化，必须引起高度重视。

五、中亚国家投资便利化水平对中国的投资和贸易效应方面

（一）中亚国家投资便利化水平对中国直接投资的影响

在其他变量不变的情况下，投资便利化水平显著促进中国对中亚国家的投资，中亚国家关税对中国投资的影响不显著，中亚国家 GDP 对中国投资产生显著的正影响，地理距离对中国投资产生显著的负向影响。

（二）中亚国家投资便利化水平对中国出口的影响

在其他变量不变的情况下，投资便利化水平显著阻碍中国对中亚国家的出口，而中亚国家人均 GDP 对中国出口产生显著的正影响，中国对外直接投资对我国出口的影响不显著，地理距离对中国出口产生显著的负影响。

（三）中亚国家投资便利化水平对中国进口的影响

在其他变量不变的情况下，投资便利化水平对中国从中亚国家进口的影响不明显，中亚国家 GDP 对于中国进口产生显著的促进作用，中亚国家人口总量、地理距离对于中国进口的促进作用不显著。

六、提升中亚国家投资便利化水平的对策建议方面

（一）制度环境方面

中亚国家方面要营造透明高效的制度环境，保障投资者利益。中亚国家应该完善相关法制环境建设，加大反腐力度，净化投资环境，降低投资成本，为投资者创造公平竞争的投资环境。通过建立专门的投资法律监管部门和顾问部门，提高法律解决投资争端的效率；完善知识产权保护法，加强知识产权保护力度，做到司法独立、执法公正；重视提高本国投资政策的公开度、透明度，并确保政策的稳定性、连贯性；并设立专门的投资管理机构，提高解决投资争端的效率。

中国方面要积极主动深化与中亚国家政策沟通，建立长效稳定机制。一是深化政策沟通，建立长效机制；二是建立中国与中亚国家双边投资争端解决机制。在短期，中国应积极主动尽快完成与哈萨克斯坦的新版双边投资保护协定谈判。在中期，建立双边或多边投资争端解决机制。

（二）基础设施建设方面

中亚国家方面要充分利用亚投行等国际资金平台，构建全方位运输网络。中亚国家应该紧紧抓住共建丝绸之路经济带的机遇，充分利用丝路基金等国际性金融机构的资金，解决本国基建项目资金短缺问题。同时，积极与中国在铁路、公路、航空、港口、电力、通信等基础设施领域开展各种形式的投资合作，尽快形成便捷、高效、系统化的运输和通信网络，从而提升本国基础设施质量水平。

中国方面要积极主动推进基础设施建设合作，优化互联互通环境。一是积极主动开展各级层面沟通协商，深化合作；二是以加强与中亚国家基础设施合作为突破口，共建国际骨干通道，提高中亚国家设施质量和运输效率；三是积极开展"新型基础设施建设"领域的投资合作，共同推进5G网络、工业互联网、特高压输电、核电等的建设，增强中亚国家在通信、电力、运输等领域的供应能力，实现投资便利化水平的提升。

（三）金融服务效率方面

中亚国家方面要完善金融服务体制，提高金融服务效率。中亚国家必须健全金融市场发展，完善投融资机制，通过构建金融机构合作平台，降低本国金融服务的成本，提高资本市场的融资能力，扩大金融服务的涵盖面，简化贷款的审批程序，增强银行的稳健性。此外，对中亚国家而言，加强金融基础设施建设至关重要。

中国方面要深化双边金融合作，优化资金融通环境。一是完善跨境金融服务功能，加强中亚地区货币金融合作；二是以扩大双边本币互换为重点，加快推进人民币在中亚地区的国际化，降低金融服务成本；三是加强建设中亚地区金融体系监管和风险防范体系。

（四）商业投资环境方面

中亚国家方面要健全投资法律制度，优化商业投资环境。中亚各国应树立合作共赢的理念，进一步完善外商投资法律法规、政策及其配套措施，适当放宽外资准入标准，进一步简化投资审批程序，缩短投资审批时间，适度放宽对外籍劳务配额的限制，减少外商投资壁垒。

中国方面要积极推动建立保护投资双方的权益机制，优化商务投资环境。一是遵守中亚国家劳动相关的法律法规；二是建立外交保护中国公民和企业海外合法权益的长效机制；三是提高自身政策和境外企业服务能力，推动相互投资。

（五）法律体系建设方面

一是积极推动达成世界贸易组织框架下的投资便利化协定；二是分步推动上海合作组织投资便利化谈判与行动；三是积极推动商签新版双边投资保护协定；四是积极协调落实避免双重征税协定对中国企业的保护。

（六）合作平台机制建设方面

一是建立投资便利化组织机构和合作平台；二是推进双边投资便利化协定谈判，提高政府为中小企业服务水平和支持力度，促进对外投资布局向均衡方向发展。

第二节　研究局限性

本书研究的局限性主要有以下 3 个方面：

一是《全球竞争力报告》中用于考察投资便利化水平的 19 个二级指标因缺少吉尔吉斯斯坦和塔吉克斯坦两个国家的系统数据，导致无法测评这两国的投资便利化水平，以及以此为基础的投资和贸易效应。

二是投资便利化涉及面太广，影响因素过多，二级指标的选取不可能面面俱到。本书在选取构建投资便利化综合评价指标体系指标时，虽然已经综合考虑了现有研究成果中经过证明对投资便利化水平有显著影响的若干指标，还结合投资诱发要素组合理论和中亚国家的实际情况，选取了具有较高代表性的指标，但是由于投资便利化涉及面太广，而且目前关于构建投资便利化指标体系也还没有一个完整、统一、客观的标准，因而在选取指标时具有一定的主观性，无法容纳所有相关指标，可能测算结果会有微小误差，以致无法精准地反映中亚国家投资便利化水平最真实的情况。

三是一手资料有限。由于特殊原因，去中亚国家实地考察调研的计划未能成行，尽管采取以下各种措施在很大程度上弥补了实地考察的不足，但客观上仍然存在一手资料不够全面的遗憾。中亚国家实地调查所需资料主要通过以下途径获取：第一，依赖多年积累的与中国新疆在各中亚国家的企业人脉资源交流获取；第二，通过实地走访考察新疆本地与中亚国家有经贸业务往来的重点企业、自治区商务厅等单位获取；第三，通过新疆财经大学在哈萨克斯坦的孔子学院与中石油等企业建立的良好关系而取得；第四，通过私人与相关企业和政府部门的朋友以及频繁考察中亚几国的朋友交流获得；第五，通过高层次的华和国际商务、中吉经贸合作促进会交流平台等微信群获取有关中亚国家大量宏微观实际资料。

第三节　未来研究方向

一是中国与中亚国家投资便利化的经济政策研究。投资便利化问题涉及经济领域的很多方面，本书在经济政策方面仅仅重点分析探讨了直接相关的投资政策，其他还有宏观经济政策、产业政策、贸易政策、金融政策、税收政策、劳务政策等都需要展开进一步深入研究。

二是投资便利化的经济效应扩展研究。本书在投资便利化的经济效应方面仅实证研究了对外直接投资效应和进出口贸易效应，其他还有宏观经济效应、产业结构优化效应、技术进步效应等问题也需要展开深入研究，而且现有研究成果在这几方面的研究也非常薄弱。

三是对行业层面的投资便利化水平研究。目前国内外学者及本书都是在宏观层面对投资便利化水平进行测算和研究，还没有看到行业层面投资便利化水平的研究成果。而行业层面的投资便利化水平研究更具有针对性和可操作性，应用价值更大。

参考文献

［1］包淑娴．中澳自贸区投资便利化研究［D］．南宁：广西大学，2017.

［2］鲍怡婕．"投资便利化"的明晰及对中国的参与建议［J］．国际经济法学刊，2018－10.

［3］才凌惠，朱延福．国家规模对贸易投资便利化的影响——基于"一带一路"沿线国家数据的实证分析［J］．贵州财经大学学报，2019（2）：1－10.

［4］查纯丽．实现 APEC 与"一带一路"战略对接的路径探索——基于贸易投资便利化的视角［J］．哈尔滨学院学报，2018，39（4）：53－56.

［5］曹建明．世界贸易组织国际投资规则与我国外资立法改进［EB/OL］．法网：http：//chinalaw. 2010－5－31.

［6］陈丽丽，林花．我国对外直接投资区位选择：制度因素重要吗？——基于投资动机视角［J］．经济经纬，2011（1）：20－25.

［7］陈涛涛，潘文卿，陈晓．吸引外资对于对外投资能力的影响研究［J］．国际经济合作，2011（5）：4－13.

［8］陈瑶雯，莫敏，范祚军．"一带一路"背景下中国—东盟投资便利化水平测度［J］．统计与决策，2018，34（23）：117－121.

［9］崔日明，黄英婉．"一带一路"沿线国家贸易投资便利化评价指标体系研究［J］．国际贸易问题，2016（9）：153－164.

［10］党营营．非洲投资便利化对中国对非直接投资的影响研究

［D］．北京：首都经济贸易大学，2018.

　　［11］丁丁，章秋琼，战慧．论中国—东盟自由贸易区的投资自由化和便利化［J］．国际商务—对外经济贸易大学学报，2005（6）：80－84.

　　［12］丁志帆，孙根紧．"一带一路"背景下中国对外直接投资空间格局重塑［J］．四川师范大学学报（社会科学版）2016（2）：54－61.

　　［13］董伟通．中日韩投资便利化研究［D］．长春：吉林大学，2015.

　　［14］段景辉，黄丙志．贸易便利化水平指标体系研究［J］．科学发展，2011，（7）：46－52.

　　［15］段秀芳．中国对中亚国家直接投资区位与行业选择［J］．国际经贸探索，2010（5）：37－42.

　　［16］段秀芳．中国对上合组织国家直接投资特殊动因及政策建议［J］．俄罗斯中亚东欧研究，2013（4）：43－48.

　　［17］段秀芳，李雪艳．"一带一路"背景下中国与周边国家投资便利化水平比较研究［J］．新疆财经，2019（2）：63－71.

　　［18］段秀芳，殷祺昊．"一带一路"沿线国家投资便利化：水平、挑战与对策—基于熵值法的测度分析［J］．新疆财经，2020（2）：58－69.

　　［19］段秀芳、李雪艳．"一带一路"背景下中国与中亚地区资金融通问题研究［J］．乌鲁木齐职业大学学报，2018（4）：17－20.

　　［20］发改委、商务部、外交部．《推动共建丝绸之路经济带和21世纪海上丝绸之路的愿景与行动》［Z］．2015.

　　［21］方晓丽，朱明侠．中国及东盟各国贸易便利化程度测算及对中国出口影响的实证分析［J］．国际贸易问题，2013（9）：68－72.

　　［22］樊莹．后金融危机时期的东亚贸易投资便利化合作［J］．国际经济合作，2011（3）：43－47.

　　［23］郭德香．外资银行准入制度及其立思考［J］．学习论坛，2012－09－15.

［24］郭远来．上海自贸区投资便利化研究［D］．南宁：广西大学，2015．

［25］郭力．中俄直接投资便利化的实施路径分析［J］．俄罗斯中亚东欧市场，2010（12）：5-11．

［26］郭昱．权重确定方法综述［J］．农村经济与科技．2018（8）．

［27］郭可为．"一带一路"战略下中国与中亚的金融经贸合作［J］．国际经济合作，2015（11）：59-66．

［28］何勤，杨琼．上海自贸区贸易便利化对贸易流量影响的实证研究［J］．价格理论与实践，2014（11）：98-100．

［29］韩东．推进中国与中亚五国贸易投资便利化研究［D］．乌鲁木齐：新疆大学，2015．

［30］洪俊杰．中国推动投资便利化议题在世贸组织收获广泛支持［EB/OL］．人民网．2017-12-20．

［31］黄光灿，王钰．中国对丝路国家直接投资便利化实施路径研究［J］．财经理论研究，2016（4）：9-18．

［32］黄英婉．"一带一路"沿线国家贸易投资便利化问题研究［D］．沈阳：辽宁大学，2017．

［33］剑冰，吕静．贸易便利化评价指标体系研究及其应用［J］．湖南大学学报（社会科学版），2015（6）：70-75．

［34］蒋冠宏，蒋殿春．中国对外投资的区位选择：基于投资引力模型的面板数据检验［J］．世界经济，2012（9）：21-40．

［35］孔庆峰，董虹蔚．"一带一路"国家贸易便利化水平测算与贸易潜力研究［J］．国际贸易问题，2015（12）：158-168．

［36］李斌，段娅妮，彭星．贸易便利化的测评及其对我国服务贸的影响——基于跨国面板数据的实证研究［J］．对外经济贸易大学学报，2014（1）：5-13．

［37］李建民．俄、哈、乌、吉、塔五国公共投资市场准入法律体系比较研究［J］欧亚经济，2014 年第 1 期．

［38］李磊，冼国明，包群．"引进来"是否促进了"走出去"？—外商投资对中国企业对外直接投资的影响［J］．经济研究，2018（3）：142 – 155．

［39］李猛，于津平．东道国区位优势与中国对外直接投资的相关性研究——基于动态面板数据广义矩估计分析［J］．世界经济研究，2011（6）：63 – 67．

［40］蓝庆新，姜峰．"一带一路"以中国为核心的国际价值链体系构建［J］．人文杂志，2016（5）：29 – 34．

［41］李文韬．APEC 贸易投资便利化合作进展评估与中国的策略选择［J］．亚太经济，2011（4）：13 – 17．

［42］李轩．东北亚地区贸易便利化的发展状况、面临挑战与对策研究［J］．亚太经济，2013（6）：9 – 15．

［43］李豫新，郭颖慧．中国新疆与周边国家贸易便利化水平研究［J］．国际商务研究，2014（35）：24 – 33．

［44］李豫新，帅林遥．中国新疆边境贸易便利化影响因素实证研究［J］．国际商务——对外经济贸易大学学报，2014（6）：38 – 48．

［45］李豫新，郭颖慧．边境贸易便利化水平对中国新疆维吾尔自治区边境贸易流量的影响——基于贸易引力模型的实证分析［J］．国际贸易问题，2013（10）：120 – 128．

［46］李因果，李新春．综合评价模型权重确定方法研究［J］．辽东学院学报（社会科学版）．2007（2）．

［47］刘镇，邱志萍，朱丽萌．海上丝绸之路沿线国家投资贸易便利化时空特征及对贸易的影响［J］．经济地理，2018（3）：11 – 20．

［48］刘华芹．上海合作组织贸易投资便利化评估与前景展望［J］．国际贸易，2013（11）：48 – 51．

［49］刘重力，杨宏．APEC贸易投资便利化最新进展及中国的策略选择［J］．亚太经济，2014（2）：26－32．

［50］刘镇，邱志萍，朱丽萌．海上丝绸之路沿线国家投资贸易便利化时空特征及对贸易的影响［J］．经济地理，2018，38（3）：11－20．

［51］刘晓音．"丝绸之路经济带"对中俄贸易投资便利化的影响［J］．学习与探索，2015（6）：96－100．

［52］龙云安，赵舒睿，陈卉．自贸试验区投资便利化政策研究［J］．经济界．2019（3）：54－59．

［53］陆南泉．丝绸之路经济带与欧亚经济联盟问题［J］．西伯利亚研究，2015（10）．

［54］马秀文，乔敏健．"一带一路"国家投资便利化水平测度与分析［J］．河北大学学报，2016（9）：85－94．

［55］庞敏，张志伟．"一带一路"沿线国家投资便利化问题研究［J］．理论探讨，2019（4）：109－114．

［56］彭羽，陈争辉．中国（上海）自由贸易试验区投资贸易便利化评价指标体系研究［J］．国际经贸探索，2014，30（10）：63－75．

［57］卿春丽．"一带一路"沿线国家贸易投资便利化比较研究［J］．无锡商业职业技术学院学报，2019，19（3）：17－25－77．

［58］任红玲．对外直接投资如何助力母国贸易——基于中国对"一带一路"周边国家投资的经验验证［J］．国际经贸，2015（30）：30－31．

［59］单君兰，周苹．基于APEC的贸易便利化测评及对我国出口影响的实证分析［J］．国家商务研究，2012（1）：40－45．

［60］沈铭辉．APEC投资便利化进程国际经济合作——基于投资便利化行动计划［J］．国际经济合作，2009（4）：41－45．

［61］史晨霞．贸易投资便利化对我国制成品出口的影响研究［D］．太原：山西财经大学，2018．

［62］孙泽华．加快我国贸易投资便利化持续发展的路径选择

［J］. 国际商务论坛，2017（1）：31–34.

［63］孙忠颖. 区域经济组织的贸易便利化研究［D］. 天津：南开大学，2009.

［64］田丰. 投资便利化：发展趋势与中国角色［J］. 中国外资，2018–08–05.

［65］田巍，余淼杰. 企业生产率和企业"走出去"对外直接投资：基于企业层面数据的实证研究［J］. 经济学（季刊）2012（2）：383–408.

［66］田昕清. 澜湄合作框架下的贸易和投资便利化研究［J］. 国际问题研究，2018（2）：55–67.

［67］佟家栋，李连庆. 贸易政策透明度与贸易便利化影响——基于可计算一般均衡模型的分析［J］. 南开经济研究，2014（4）：3–16.

［68］王海燕. 贸易便利化［M］. 上海华东师范大学出版社，2012，63–70.

［69］王珏，黄光灿. 中国对"丝路六国"直接投资便利化影响因素研究［J］. 兰州财经大学学报，2016（3）：7–13.

［70］王梦娇. 基于空间视角的中国对"一带一路"沿线国家直接投资影响因素研究［D］. 昆明：昆明理工大学，2017.

［71］王瑄. 中国—东盟投资便利化及其影响因素分析［D］. 天津：天津：天津财经大学，2015.

［72］王永钦，杜巨澜，王凯. 中国对外直接投资区位选择的决定因素：制度、税负和资源禀赋［J］. 经济研究，2014（12）：126–142.

［73］王志艳. 中国对周边国家直接投资的时空格局及影响因素研究［D］. 西安：陕西师范大学，2017.

［74］王中美. 全球贸易便利化的评估研究与趋势分析［J］. 世界经济研究，2014（3）：47–52.

［75］王璐瑶，葛顺奇. 投资便利化国际趋势与中国的实践［J］.

国际经济评论，2019（4）：139－155－8.

［76］王吉霞．"一带一路"沿线国家投资便利化水平及其对中国OFDI 的影响［D］．天津：天津财经大学，2018.

［77］魏国强．双边投资协定的投资促进效应分析［D］．天津：天津财经大学，2010.

［78］魏艳茹．中国—东盟投资便利化法律机制研究——以中国（广西）自贸区建设为背景［J］．广西大学学报（哲学社会科学版），2019（5）：52－60.

［79］吴丹．"一带一路"沿线国家投资便利化水平对中国直接投资的影响研究［D］．沈阳：辽宁大学，2018.

［80］夏春光．"一带一路"国家投资便利化对中国对外直接投资区位选择影响的实证分析［D］．沈阳：辽宁大学，2018.

［81］徐佳宁．中国—东盟投资便利化研究［D］．南宁：广西大学，2013.

［82］徐雅雯．上海合作组织贸易投资便利化问题研究［D］．大连：东北财经大学，2012.

［83］许德翔，邵李津．福建自贸试验区投资便利化实践与探索——基于创新驱动视角［J］．福建金融，2017（11）：30－35.

［84］杨树明、会文革．论世界贸易组织国际投资规则与我国外资立法改进［J］．甘肃社会科学，2003（9）.

［85］原静．"一带一路"倡议对东亚区域投资便利化的影响及中国应对［J］．河南社会科学，2019（3）.

［86］袁利华．"丝绸之路经济带"次区域经济合作法律保障探析［J］．兰州商学院学报，2014（8）.

［87］张建华．加速中俄相互直接投资便利化的路径选择［D］．哈尔滨：黑龙江大学，2011.

［88］张建平，樊子嫣．"一带一路"贸易便利化状况及相关措施

需求［J］. 国家行政学院学报，2016（1）：23 – 29.

［89］张智彪. 中国—东盟投资便利化的测度分析和推进策略［D］. 广州：华南农业大学，2016.

［90］张钰莹. 广东自贸区贸易投资便利化研究［D］. 广州：广东外语外贸大学，2016.

［91］张琪. 投资便利化水平对中国对外直接投资影响研究［D］. 济南：山东大学，2019.

［92］郑蕾，刘志高. 中国对"一带一路"沿线直接投资空间格局［J］. 地理科学进展，2015（5）：563 – 570.

［93］翟卉. 中国对"一带一路"国家直接投资影响因素及投资潜力：基于扩展"引力模型"的实证研究［D］. 青岛：青岛大学，2017.

［94］周茜. 贸易便利化测评体系及其对我国对外贸易影响研究［D］. 湖南大学硕士学位论文，2007.

［95］周升起，付华. 贸易便利化与中国出口贸易：基于改进"引力模型"的分析［J］. 商业研究，2014（11）：93 – 98.

［96］朱明侠，左思明. "一带一路"沿线国家投资便利化的评价体系研究［J］. 广东社会科学，2019（1）：46 – 53.

［97］左思明，朱明侠. "一带一路"沿线国家投资便利化测评与中国对外直接投资［J］. 财经理论与实践，2019，40（2）：54 – 60.

［98］左思明. 投资便利化对中国对外直接投资及技术溢出的影响［D］. 北京：对外经贸大学. 2019.

［99］张亚华，杨绪可，熊文. 俄罗斯投资便利化指数分析［J］. 时代经贸，2018（14）：44 – 45.

［100］邹辉文，李文杰，李嘉欣，等. 福建自贸区投资便利化研究——以台资企业为例［J］. 金融经济，2017（12）：41 – 44.

［101］Alberto, P., Wilson, J. S. Export Performance and Trade Facilitation Reform: Hard and Soft Infrastructure, World Development, 2012,

Vol. 40: 1295 - 1307.

[102] APEC Investment Facilitation Initiative: A Cooperative Effort with UNCTAD and other Multilateral Institutions, Project No. : CTI08/2005T. APEC. www. apec. org.

[103] Buckley, P. J. , Clegg, L. J. Cross, A. , Liu, X. , Voss, H, Zheng, P. , (2009) "The Determinants of Chinese Outward Foreign Direct Investment," Journal of International Business Studies 40 (4), 353 - 354.

[104] Enhancing Investment Liberalization and Facilitation in the Asia - Pacific Region (Stage1): Reducing Barriers to Investment across APEC to Lift Growth and Lower Poverty. APEC CTI. www. apec. org.

[105] Felipe, J. & Kumar, U. "The Role of Trade Facilitation in Central Asia: A Gravity Model," [DB/OL], http: //ideas. repec. org/p/lev/wrkpap/wp_628. html, 2010.

[106] Helble, T. , Shepherd, B. and Wilson, J. S. Transparency and Trade Facilitation in the Asia Pacific: Estimating the Gains from Reform [R]. APEC and the World Bank, 2007.

[107] Hertenstein, P. , D. Sutherland, and J. Anderson, "Internationalization within Networks: Exploring the relationship between Inward and Outward FDI in China's Auto Components Industry", Asia Pacific Journal of Management, 2017 (1): 69—96.

[108] Investment Facilitation Action Plan. APEC. www. apec. org/Press/Features/2009/0201 _ Plan. APEC. www. apec. org/Press/Features/2009/0201 _ APEC_Investment_Facilitation_Action_Plan.

[109] John Ure, "ICT Sector Development in Five Central Asian Economies: A Policy Framework for Effective Investment Promotion and Facilitation", A Paper for UN ESCAP September, 2005.

[110] Jesus Felipe, Kumar, "The Role of Trade Facilitation in Central

Asia," Eastern European Economics, 2012 (4): 5 – 20.

[111] Kejzar K Z. Investment Liberalisation and Firm Selection Process: A Welfare Analysis From a Host – Country Perspective [J]. The Journal of International Trade & Economic Development, 2011 (3): 357 – 377.

[112] Kinoshita Y, Campos N. Estimating the Determinants of Foreign Direct Investment Inflows: How Important are Sampling and Omitted Variable Biases [J]. CEPR: WDI Transition Conference, 2004.

[113] Moise, E. , Sorescu, S. Trade Facilitation indicators: The Potential Impact of Trade Facilitation on Developing Countries' Trade [R]. OECD Trade Policy Papers, No. 144, OECD Publishing, 2013.

[114] Peter J Buckly, L Jeremy Clegg , Adam Rcross, et al. The Determinants of Chinese Outward Foreign Direct Investment [J]. Journal of International Business Studies, 2007, 38 (4): 499 – 518.

[115] Tomasz Iwanow, Colin Kirkpatrick . Trade Facilitation and Manufactured Exports: Is Africa Different? World Development, Pages2009, 37 (6): 1039 – 1050.

[116] Tomasz Iwanow, Colin Kirkpatrick . Trade Facilitation and Manufactured Exports: Is Africa Different? World Development, Pages2009, 37 (6): 1039 – 1050.

[117] Wilson J S, Mann C L, Otsuki T. Trade Facilitation and Economic Development [J]. World Bank Economic Review, 2003, 17 (3): 367 – 389.

[118] Wilson J S, Mann C L, Otsuki T. Trade facilitation and economic development: a new approach to quantifying the impact [J]. The World Bank Economic Review, 2003, 17 (3): 367 – 389.